JN244718

道ばたの石ころどうやって売るか?

頭のいい人がやっている「視点を変える」思考法

野呂エイシロウ

アスコム

問題

あなたの会社のエレベーターが
待ち時間が長くて、
苦情が出ていたとします。
あなたが総務の担当者であったなら、
どうしますか？

先ほどの設問、みなさんならどう考えましたか？
エレベーターの数を増やす、
スピードを上げるということが物理的に無理だという前提です。

私が知っているある会社では、
下のイラストのような工夫をしました。

その会社ではエレベーターが２基あり、
いずれも往復に時間がかかるのが、
不満の原因でした。
そこで、１基のエレベーターは
奇数階のボタンに×印
もう１基のエレベーターは
偶数階のボタンに×印のシールを貼りました。

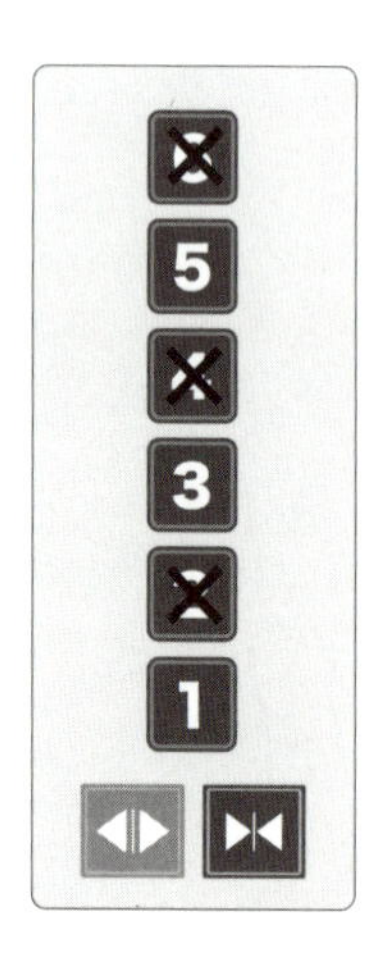

たった、それだけのことですが、
×印のフロアのボタンはほとんど押されません。
止まるフロアが少なくなることで往復時間が短くなり、
混雑は見事に解消したとのことです。

いってみれば、普通のエレベーターは各駅停車しかありませんが
この会社では「準急」や「快速」にしたわけです。

「会社のエレベーターは全フロアに止まるべき」といった思い込みから
少しだけ視点を変えただけで、問題は解決しました。
他にも、いろんな工夫ができると思います。

例えば、エレベーターの横に鏡を置くという答えもあり得ます。
鏡があるとつい覗き込んで身だしなみを整えてしまうもの。
そうこうしているうちに、
時間がたつのを忘れて、不満がなくなります。
これも、エレベーターの物理的な性能から、
エレベーターを待っている人の心理に視点を移すことで、
解決を図っています。

いずれも、工事をしたり予算をかけたりしていません。
ちょっとだけ視点を変えて、普通の人が目をつけないような
ポイントに目をつけたから解決できたわけです。

さて、問題をもう１つ。

問題

あなたの家に、古い日付のカレンダーが残っています。
これを売って、お金にするにはどうしたらいいでしょうか。

実は、実際に古いカレンダーが、ネットオークションやフリマアプリで販売されているのをご存じでしょうか。

用途としては一部を切り取って
アート作品の素材として使われたり
再利用してオリジナルな封筒を作ったり、
ラッピングペーパーとしての活用も考えられます。

では、本書のタイトルにもなっている石はどうでしょうか？

観賞用のきれいな石ならもちろん売れますが、
道ばたの石ころです。

実は、こういったものも実際にネットで売られています。

例えば、道ばたの石ころだって手ごろな大きさのものなら
「ガーデニングに活用」「水槽に入れる石にする」

「文書などの上に置く文鎮代わりにする」

といった用途で値がつきます。

他にも、こんな使い方もあるかもしれません。

- 石ころに、憧れの人にサインをしてもらうと、宝物
- 石ころに、彫刻家が何かを彫ったら芸術品
- 石ころで、何かを叩けば打楽器

ちょっとしたことで、ガラリと価値が変わりますね。

実は、少し変わった使い方には

「石をペットにする」という方法もあるんです。

「どういうこと？」と不思議に思うかもしれませんが

この後の本文で解説していますので、そちらをお読みください。

他にも、ネットではいろんなものが売られています。

飲み終わったワインのコルク栓はＤＩＹの素材になるそうです。

こういう方法、普通はなかなか思いつきません。

最初に目をつけた人の発想はすごいですよね。

ユニークな考えを思いつける人は
特別な才能があるかといえば、そうではありません。
ただし、普通の人とは少し違う思考法を持っています。
それは「視点を変える」ことができる、ということ。

カレンダーにしてもコルクの栓にしても
「本来の用途」があります。
普通の人は、「そういうものだ」と思い込んで
本来の用途以外のところに視点を移せません。

しかし、少しだけ思考の自由度の高い人なら
前提や思い込みにとらわれずに、視点を変えて
新しい価値を見つけられます。
道ばたの石ころを水槽用にして売ることだってできます。
それって、学歴やテストの点数では測れない
「本当の頭の良さ」だと思いませんか。

世間一般で頭がいい人といえば、理詰めで物事を考える人
というイメージがあると思いますが、
それだけが「頭の良さ」でしょうか。
私は、視点を変えられる人は、
かなり頭がいいんじゃないかと思います。
なぜなら視点を変えれば、
身の回りのいろんな課題を解決できるからです。

例えば、あなたの職場で気の合わない人はいませんか？
でも、仕事だからそういう人とも共同作業をしなくてはなりません。
どんどんストレスがたまっていきます。
そういう時こそ、視点を変えてみましょう。

大体、嫌いな人を見ていると、嫌いな面ばかりが目に入るものです。
「またあんなことを言った」「なんでこんなことするの」
視点を変えることができない人は「嫌いスパイラル」に
陥ってしまい、ますます関係が悪化します。
理屈だけでは、こういう問題は解決しづらいですよね。
視点を変えることができる人はどうでしょうか。

その人をよく観察すれば、「この人には、こんな一面もあるんだ」という意外な良いところに視点を変えることもできます。新たな気づきとともに、その人に対する接し方も変わりますし人間関係も徐々に改善していくことでしょう。


ちょっとだけ、「目のつけどころ」を変えれば、今までの悩みが意外に簡単に解決することは、あり得ます。

最近、ビジネスシーンで「商品やサービスが売れない」とか、「時代の変化についていけなくなった」という悩みをよく聞きます。

そうした場合でも「目のつけどころ」を少し変えればどこかに、突破口があるんじゃないでしょうか。


「けど、その『目のつけどころ』を見つけるのが難しいんだよ」

そうですね、それが簡単に見つかるようなら苦労はしません。

ご安心ください。

「目のつけどころ」を変えるコツについては、本文に詳しく書いてあるので、ぜひお読みになってください。

さらに、視点を変える思考法は、こんなことにも幅広く活用できます。

- 販促や営業などで新しい手法が思いつく
- 総務や経理などバックエンド部門の問題解決
- 商品開発や広告宣伝などの「企画」で今までにない切り口が見つかる
- プレゼンや商談などで相手の心をつかむユニークな話題を提供できる

私は、視点を変えることで、人生をプラスに変えていくこともできると思います。

なぜなら、視点を変えた分だけ、可能性が広がるからです。

仕事でも人生でも、さまざまな制約があります。

お金がない、人脈がない、学歴がない、容姿に恵まれていない……
その壁を軽々と乗り越えていく可能性を秘めたものが
「視点を変える」思考法だと思います。

ここで、もう1つあなたに質問です。
あなたを年収300万円ほどの独身会社員だとします。
しかし、どうしても六本木など都心の高級タワーマンションに住みたい
という夢をあきらめきれません。普通なら「億」かかります。
お金が貯まるまで何十年も待ちきれません、今住みたいのです。

あなたなら、どうしますか?
もちろん合法的な方法で。

答えは本書のどこかに載っています。
ぜひ、探してみてください。

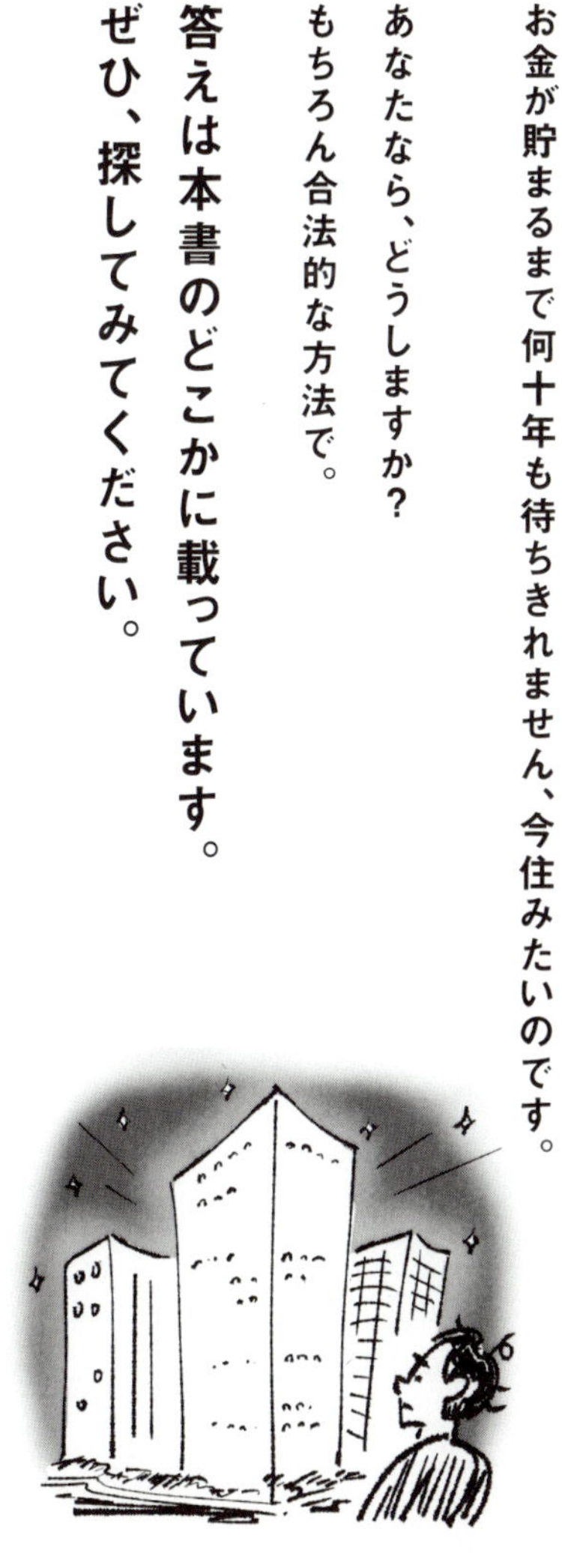

はじめに

みなさん、はじめまして。野呂エイシロウと申します。

私は「戦略的ＰＲコンサルタント」として、一部上場の有名企業をはじめ、数多くの企業さんの会議にお邪魔して、独自のＰＲ戦略・立案のお手伝いをしています。

私の持ち味は、普通の人が考えつかない、ちょっと面白いプランを考えられることです。

例えば以前、某大手携帯電話会社のＰＲを考えていた時に、こんなプランを提案したことがあります。

「渋谷のハチ公像を白く塗ったらどうですか」

その会社のCMは白い犬が登場することで有名だったので、「夜中のうちにハチ公を白く塗って赤い首輪をつけたら、CMからの連想でみんなピンときますよ。そうすれば、世間の注目も上がるしニュースでも取り上げてくれるでしょう。それに合わせてキャンペーンを打てば販促にもなりますよ」と。

会議の参加者はみんな面白がってくれて、実際に企画案まで作りました。結局、許可が下りずに実現はできませんでしたが、私は日頃から普通の人とは違う視点で仕事をしており、いろんな企業の方から「うちの会社の会議に参加してほしい」というお呼びがかかっています。

なぜ、私がこんなふうに人と違う発想ができるのかといえば、別に才能があるからとか、センスがあるからという話ではありません。

私は放送作家としても活動していて、『天才・たけしの元気が出るテレビ!!』や『ザ!鉄腕!DASH!!』など数々のヒット番組に関わってきた際に、「面白い発想」をするための、自分なりの手法を発明してきたからです。

それが、本書でご紹介する**「視点を変える」**思考法です。

「難しそう」と思うかもしれませんが、誰にでもできます。

なぜなら、「視点を変える」思考法に頭のスイッチを切り替えるための技術があるからです。技術は覚えれば誰でも使えます。

よく「一生懸命考えているのに、なかなかいい考えが思いつかないんです。どうすればいいですか」という相談を受けることがあるのですが、それは、単に考えるためのテクニックを知らないだけなのです。

考え方が分からなければ、考えることができません。

私は、いわゆる「頭のいい人」というのは、生まれつきではなく**「考える技術」を持っている人**だと思います。

視点を変えずに、思いつきだけで意見を言っているうちは、誰でも言えるような意見しか出てきません。

しかし、考える技術が身について、視点を変えることができるようになれば、他の人が思いつかないオリジナルでユニークな発想ができるようになり、「あなたの考えることは面白い」「ぜひ意見を聞かせてほしい」と言われるようになります。

そうすれば、難しい課題も解決できるし、企画力も身につき、話も面白くなります。あなたの評価はどんどん上がりますし、給料も上がるかもしれません。何より、周囲から**「頭のいい人」と思われる**ようになるでしょう。

ぜひ、本書で「視点を変える」思考法をあなたのものにしてください。

道ばたの石ころ　どうやって売るか？　目次

第1章

本当に頭がいい人は「普通の意見」を言わない

第章

「普通のことしか言えない」人の頭の中

第3章

普段から「コレ」をやれば視点を変えられる

第4章

視点がすぐに切り替わるテクニック

第5章

視点が変わると生き方が変わる

第1章

本当に頭がいい人は「普通の意見」を言わない

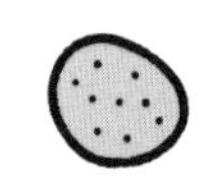

頭のいい人はラーメンを食べた後にどんな感想を言うのか

私が、ある人気のラーメン屋に行った時の話です。

その日も満席に近い状況でした。私の席の近くに、若い男性客のグループが座っていて、みな美味しそうにラーメンをすすっています。

そして、お互いに顔を見合わせながら、こんなことを言っていたのが聞こえてきました。


「やばいくらい、うまいね！」

「うますぎて、やばいね！」

何だか、それを聞いている私のほうが「これはやばいな」という気分になってしまいます。**ぜんぜん美味しそうに聞こえない、美味しさがまったく伝わってこない**からです。

せっかく友人同士で、美味しさを共有したいのであれば、もっと具体的に「何がどう美味しいのか」を話したほうがいいんじゃないかと思いました。

なぜ、美味しさが伝わらないのか。それは、**ラーメンを口に含んだ時に思いついた感想しか言っていない**からです。表現の仕方も「やばい」では中身の薄さが際立ってしまいます。さしずめ**「ウスイケ」**（薄い意見）といったところでしょうか。

中身のある意見を言おうと思えば、麺の食感、のどごし、スープのクリーミーさに視点を向けて話してみたり、過去に食べたラーメンと比較したりすれば、解像度も上がって、いろいろと「自分なりの」答えが見つかると思います。

それを意識するだけでも、美味しさがより伝わりやすくなると思いますが、もっと視点を変えればこんな言い方もできます。

「ラーメンは丼一杯のフルコース」

ラーメン評論家の大崎裕史さんの名言です。思えば、一杯の丼の中に、さまざまな食材がありますよね。最初に前菜として、上に載っている野菜を食べて、その後にスープ、メインディッシュは麺もしくはチャーシューだと考えれば、丼の中で1つのコース料理が完成されているわけです。

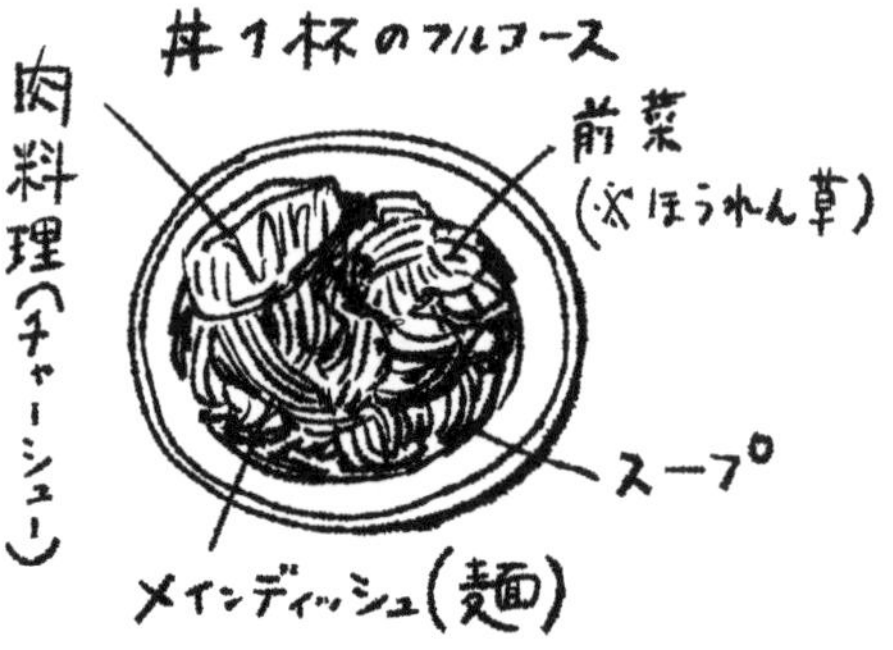

これは、**視野を広げて、ラーメンとフランス料理などと比較するから出てくるセリフ**です。

「いやいや、食レポじゃあるまいし、別に『うまい』でいいじゃないか」

そう思うかもしれません。たしかに、細かなことでいちいち目くじらを立てることもないのでしょう。ただ、私が心配なのは、**こういう人は他の場面でも似たような感じなんじゃないかと、余計なお世話ながらそう思ってしまう**のです。

「一事が万事」と言います。

例えば、仕事の打ち合わせで、上司の考えについて「どう思う？」と意見を聞かれた時も、「さすがです」「おっしゃる通りです」という回答しかできないのであれば、「この人、何も考えてないな」と思われても仕方ありません。

「私は会議でちゃんと自分の意見を言っているよ」とおっしゃる方のなかにも、正直、中身のない答えをしてしまっている人は、結構いるんじゃないでしょうか。

例えば、あなたの会社で「売り上げアップ」というテーマで打ち合わせをしたとします。そんな会議の場で、あなたに話が振られたら、どう答えますか。

ひと通り、やれることはやってきたし、新しい対策と言われても正直、なかなか思いつかない状況です。

「電話営業の件数をもっと増やします」

せいぜい、このくらいしか言うことがありません。
他のメンバーからも、こんな意見が出ます。

「もう少し割引をしてみたらどうでしょうか」
「SNSで情報発信してはどうですか」
「販促ミーティングを週1回行いましょう」

悪くはないですが、誰でも思いつきそうな意見ばかり。
思いついたことをそのまま言っているという意味では、さっきのラーメンの「やばい」「うまい」と本質的にはたいして変わらないんじゃないでしょうか。

また、会議でのそうした意見に対して「SNSは流行ってるからいいよね」とか「ミーティングの回数が増えるなんて面倒だ」といった、これまた思いつきの「反応」で返事をするような会議では、課題解決につながらず、結果、時間のムダにもなります。

大事なのは、**「思いつき」で話さない、「反応」をしない**こと。

この2大原則を守るだけでも会議がだいぶましになります。

この2つをやめる代わりに、やってほしいのが**「視点を変える」**こと。

例えば、この会議では、「どうすれば、売り上げが上がるのか」という方法論ばかり話しています。しかし、視点を変えて、課題を俯瞰(ふかん)してみれば「そもそも、なぜ売れないのか？」という疑問が出てくるはずです。

ある企業は、「そもそも、なぜ売れないのか？」という疑問に対して、視点を自分たちの対策ではなく、お客さんのほうに向けました。「いっそ、お客さんになんで自分たちの商品を買ってくれないのか聞いてみよう」とインタビューを実施したのです。

すると、自分たちが強みだと思っていたスペックと、お客さんが求めているスペックにギャップがあることが分かりました。そこで、さっそくプレゼン資料をお客さんのニーズを盛り込んだ内容に改善したところ、以前よりもぐんと売り上げが上がったのだそうです。

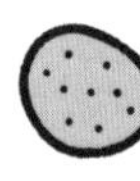

「頭の良さ」とは学歴やIQのことではない

こういう意見が、常に言えるようになるといいですよね。

けど、いつもきちんと考えているつもりなのにいい意見が思い浮かばず、**「なんで私は、ありきたりで普通な意見しか思いつかないんだろう」「もっとズバッと解決につながるようなことが言えたらいいのに」**と悩んだ経験があるのではないでしょうか。

他にも、

「いつも、誰かの意見に賛同するだけで、自分の意見が出てこない」

「意見を求められると、思いつかずにフリーズしてしまう」

「テーマに対して調べたことは言えるけど、『じゃあどうしたらいいのか』が分からない」

「具体的な対策が思い浮かばず、結論として『頑張ります』という趣旨のことしか言えない」

こんな悩みはあるあるですよね。

けど、**あなたの周囲にも、ありきたりではないユニークで、ハッとする意見を言える人が、いるんじゃないでしょうか**。例えば、

・会議の席で少々のムチャ振りに対しても、すぐに上手い切り返しができる
・商談の席でも気の利いたことを言って、お客さんの心をつかむ
・企画書の中身も、ありがちではなくキラリと光るオリジナリティーがある

その人は、あなただけでなく、**きっと周囲からも「すごい人」「面白い人」「頭がい**

い人」と思われていることでしょう。
そんな人を見て、あなたはどう思いますか。

「そういう人は、並の人とは違って頭のいい人なんです」

「きっと頭の回転が速いんだよ」

「クリエイティブな才能があるのかも」


では、その人は生まれつきすごい人だから言えるのでしょうか。あなたはずっとその人にかなわないのでしょうか。

答えはＮＯです。

大事なのは、考え方の「コツ」。それさえつかめば、あなたも自分なりのユニークな意見が言えて、面白く、課題解決につながるようなアイデアが浮かぶようになります。

普通の意見というのは、言い換えれば「誰でも思いつくこと」です。

上司から「○○について考えてみて」と振られて、少し考えてみて、最初にパッと思いつくことがあります。そこで考えが止まってしまえば、当然、ありきたりな意見しか言えません。あなたがパッと思いつくことは、他の人もだいたい同じことを思いついています。本当はそこからがスタートで、その後どう考えを展開させていくかが重要なのに、ほとんどの人はそこから先ができていません。

最初に思いついたこと、あとはせいぜい2番目、3番目に思いついたところで「これ以上、何も思いつかない」と頭を抱えていませんか。

それでは、どうすれば思いつきから一歩先に進めるのか。

そのやり方こそ、「視点を変える」ということです。

ユニークな意見、面白い意見、他の人にはない独創的なアイデアを言える人たちに共通しているのは、「視点を変える」という思考法を身につけているということです。

私は、この思考法を身につけている人が、**いわゆる「頭がいい」と言われる人**なんじゃないかと思っています。

先ほどの「売り上げアップ」の会議の例でも、なぜ多くの人は凡庸(ぼんよう)な意見しか出ないのか。

それは視点が、

「自分の会社　⬇　お客さま」

という一方通行だからです。

「自分たちがお客さんにどう働きかけるか」という視点しか持てません。だから、いくら考えても、どこかで聞いたようなアイデアにしかならない。しかし、視点を逆転させて、

「自分の会社　⬆　お客さま」

と矢印を逆にして考えてみれば、「そもそも、お客さんの目に我々はどう映っているのか」という考えに及ぶのです。

こういう発想ができると「この人、ちょっと違うな」「頭がいい！」となるわけです。

しかし、なぜ普通の人には、矢印を逆にするだけのことができないのか。それは、**「考える技術」がない**からです。それこそが、この本でお伝えする「視点を変える」

ということ。

特別な能力や才能がなくても、訓練しだいで誰でもできます。だって、矢印を逆にするだけですから、あなたにだってできないはずはないですよね。

誰でも「視点を変える」思考法を身につけられるということは、私自身の経験からも言えます。

冒頭でもお話ししたように、私は、これまで放送作家と企業の「戦略的ＰＲコンサルタント」の二足の草鞋（わらじ）で活動しています。いずれも、「当たり前の意見」ばかり言っていては、仕事にならない職業です。

そんな私ですが、**もともと面白い意見をポンポン言えるようなアイデアマンだったのかといえば、そんな訳でもなかった**のです。むしろ逆でした。学生時代からテレビ局でバイトをしていた流れで放送作家になったものの、最初の頃はまったく役立たずでした。

私が放送作家として、まだ駆け出しだった頃、あるテレビ番組の会議に定期的に出席していました。その席には番組のプロデューサーをはじめ、先輩の放送作家もいれば、私と同じような駆け出しの作家もいます。

何に驚いたかと言えば、とにかくみんな弾丸のようにしゃべりまくっていて、ポンポン面白いアイデアが出てきます。そのテンポについていけない。「そうですね」と相づちを打つのが精いっぱいで、私は1カ月くらいまともに意見が言えなかったのです。これは大変な世界に入ってしまったなと思いました。

そんなある日、プロデューサーからお叱りの言葉をもらいました。

「お前、このままだとクビにするぞ！　放送作家はしゃべってなんぼだ！」と。

さすがに震えました。放送作家は個人事業主で、会社員や公務員のように身分が保証されていません。会議に呼ばれなくなったら、即おまんまの食い上げなのです。

とはいえ、どうしたらいいのか分かりません。

そこから**「どうすれば面白いことが言えるのか」という自分なりの研究を始めました。**

最初は、明石家さんまさんのトークを紙に書いて分析したりして、どうしゃべったら面白いのだろうかと練習もしました。マンガ喫茶にこもって、人気のギャグマンガを読んでみたりもしました。

そんななか、気づいたのは、**面白いと思われるためには「当たり前」「常識」を少しずらす必要がある**ということ。つまり、ありきたりな物の見方からいかに「視点を変える」かが勝負ということです。

しかし、それに気づいたからといって、これまでロクに意見を言えなかった人間が、売れっ子放送作家などの猛者（もさ）がいる会議の席で、いきなりすごい意見が言えるわけではありません。

そこで、私は先輩たちの様子を観察していて、1つ気がついたことがありました。それは、会議で面白い意見を言う先輩や採用率の高い先輩は、**誰かの意見に乗っかって、「少しだけ違うこと」を言っている**ということです。私もさっそく、そのマネをすることにしました。

例えば、会議の席で「相撲」の企画が話題に上がったことがありました。

プロの相撲取りが出るのはありきたりで面白くありません。そこで先輩たちが「女子相撲はどうだろう」「子ども相撲はどうだ」と意見を出してきたので、すかさず私は「じゃあ、ぽっちゃり相撲でいきましょう！」と乗っかって発言したのです。

「よし！　面白い意見が言えたのでは」と思ったのもつかの間、会議に参加していた女の子から「ぽっちゃり相撲って……それって普通の相撲じゃないですか？」と突っ込まれて、「そりゃそうだ」と一同ずっこけました。

まあ、これは笑い話なのですが、「相撲」の話題に便乗して「○○相撲」の伏字の部分を少しだけ他の人と違うものにすることで、ちょっとだけオリジナルな意見が言える。こうした**視点の「プチずらし」も、「視点を変えるコツ」の1つ**です。それに気づいてからは、臆せずどんどん自分の考えを言えるようになりました。そして少しずつではありますが、自分の評価も高くなっていったのです。

いきなり誰も思いつかないユニークなことを言って、周囲から認められようとするのはハードルが高すぎます。こうした、ちょっとしたコツをつかんで、身につけることが重要です。

視点を変えるための具体的ないくつかのテクニックについては、後の章で詳しくご説明いたします。

特別な能力がなくても、ユニークなアイデアは出せるということについては、創造性に関する世界的権威で、心理学者のエドワード・デボノ博士も、著書のなかで次のように述べています。

「画期的なアイデアは、際立った知性の持ち主だけが生み出せるものではなく、老若男女を問わず、誰にでも生み出せるものである」

人と違う意見を言うために必要なことは、ＩＱでも学歴でもありません。

あなたの周りにも、ユニークな意見を言える人はいると思いますが、その人はみんな東大や京大、あるいは慶応、早稲田といった一流大学卒でしょうか？　みんながみんな、そうではありませんよね。むしろ、学歴エリートほど、論理的思考は得意でも頭が固くて、面白いアイデアを出すのが苦手だったりします。

エドワード・デボノ博士はさらに、アイデアを生み出す能力は「知力のみに関係があるのではなく、ある特定の頭の習慣、すなわち特定の考え方により大きく関わっているように思われる」とも言っています。

つまり、ありきたりでない意見を言えるようになるには、**知力よりも日頃からの習慣と思考法が重要である**ということです。

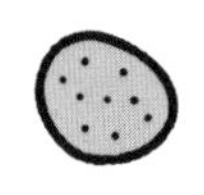

ブームが去っても売れ続けるタピオカ屋の秘密

そもそも「視点を変える」というと、少し難しく思えるかもしれません。けど、意外と単純な話だと思っています。例えば、次の絵を見てください。

ウサギに見えましたか？　それともアヒルに見えましたか？

どちらも正解です。

ちょっと見方を変えるだけで、まったく違うものに見えます。

左側に目を向ければウサギに見えやすいですし、右に目を向ければアヒルのくちばしのように見える確率が高くなると思います。

要は、**目のつけどころをちょっとだけずらせばいい**のです。

ただし、ウサギだと思い込んで、何回見てもウサギにしか見えない状態だと新しい価値は見つかりません。いわば、ウサギだと思い込んでいる人に「アヒルにも見えるよ」ということを分かってもらうのが、視点を変えるということです。

柔軟に目のつけどころを変えれば、同じものでも違う価値が見つかります。

よく言われるコップの水の話もそうですね。半分まで水のあるコップを見て「あと半分しかない」と思うか「まだ半分ある」と思うか。これも視点の違いにすぎません。

自分にとって「常識」だと思っていることから、ちょっとだけ視点を変えると、違うものが見える。何かが行き詰まっている時に、視点を変えるだけで、まったく違う解決策が見えることがあります。


こうした「視点を変える」思考法は、今まで意外と重視されてこなかったように思います。現状、「仕事ができる」と評価されがちなのは、仕事をテキパキ進める「事務処理能力」「情報処理能力」の高い人です。また、そういう人が「頭がいい」という評価をされてきました。

もちろん、それも頭の良さの1つですが、それだけが「頭がいい」ということなのでしょうか。なぜなら、こうした頭の良さは、決められた仕事を進めるうえでは力を発揮するものの、壁にぶつかったり、新しいやり方を見つけなくてはならない時には、思うように活躍できないからです。

いわゆる、**「課題解決」に必要とされるのは、「視点を変える」タイプの頭の良さ**です。

ビジネスの現場で「視点を変える」思考法を身につけていると、課題を解決しなくてはいけない時や壁にぶつかった時に、新たな突破口を見つけることができます。

視点を変えるやり方で成功したビジネスの実例があります。

近年、若者に人気のカフェチェーン「ゴンチャ」です。もともとは、2018年のタピオカブーム前（2015年）に台湾から日本に上陸した企業です。どの店も大行列ができるブームを巻き起こしましたが、タピオカブームの終焉（しゅうえん）にコロナ禍が加わり、客足が途絶えました。

当時、ゴンチャ以外にも全国各地に数え切れないくらいタピオカ店がありましたが、

どちらに視点を向けるかで価値が変わる

次々と閉店しました。日本からタピオカの店は消えたんじゃないかと思うくらい見かけなくなりましたが、ゴンチャだけは生き残りました。

そこには、視点を変えた戦略があったと私は思います。

「タピオカ」だとすでに消費者に飽きられていますが、「アジアンティー」は新しく、まだ市場を拡大する余地がありました。というのも、タピオカはお茶やミルクなどのドリンクのトッピングとして提供されるのが一般的だからです。であれば、「タピオカ」ではなく、「アジアンティー」として商品の魅力を再定義すればいい。

タピオカで一世を風靡したゴンチャでしたが、**視点をタピオカからお茶に変えた**ことで、新たなお客さんを呼び込み、今では全国で160を超える店舗を展開しています。

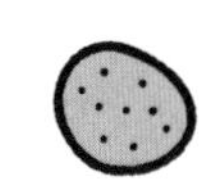

トヨタもアップルも「視点を変える」ことを重視

一流企業では「視点を変える」ことの有効性は広く認識されています。

トヨタ自動車出身の作家で、マーケティング会社の経営者でもある原マサヒコ氏は著書『どんな仕事でも必ず成果が出せる トヨタの自分で考える力』(ダイヤモンド社)のなかで、「視点を変える」「視点をずらす」というキーワードが同社内でよく使われており、それがトヨタを国際競争力のある会社に成長させた要因の1つであると述べています。

トヨタの在庫管理システムとして有名な**「カンバン方式」も、もともとはアメリカのスーパーマーケットが実施していたものを取り入れ、独自に発展させたもの**なのだそうです。

つまり、自社のやり方や考え方にこだわらず、異業種も含めた他社のやり方に「視点をずらして」みれば、自社の課題解決に役立つ事例が見つかります。それらを柔軟に取り入れることで、発展していったわけです。

アップル創業者のスティーブ・ジョブズも、「視点を変える」ことを重視していた1人です。アップルは1997年に「Think different.」という伝説的な広告キャンペーンを打ちました。今でこそ、アップルはiPhoneなどの人気商品で世界を席巻していますが、当時は業績が極端に落ち込み、危機的な状況でした。

「Think different.」でジョブズは、自社のコンピューターのスペックを語りませんでした。普通、コンピューター会社の広告は「自社の製品の性能がいかに優れているか」ということをアピールします。

しかし、ジョブズは「コンピューターに何ができるか」ではなく、「人々がコンピューターを使って何をするのか」ということを訴えました。ポイントはコンピューターの処理速度やメモリの容量ではなく、創造性です。

アップルは、クレイジーな人、はみ出し者、逆らう者、やっかい者、変わり者あつかいされた人々を無視することなく、彼らを支える製品を作る。なぜならば、本気で世界を変えられると信じる彼らのようなおかしな人こそ、世界をより良く変える創造力を持った人たちだから、と述べました。

つまり、**普通の人と違う視点を持った人たちが、世界を変えることができる、と訴えた**のです。

事実、その後のアップルは、「iMac」など既存のコンピューターから視点を変えた、コンセプトが異なる革新的な商品を生み出し続け、業績は急上昇しました。

コンピューターを作るのは技術者です。そのため、コンピューター会社はどうしても技術者視点になりがちです。「私たちの技術はココがすごい」という話に力が入ります。しかし、技術力だけをいくら訴えても、それを使う一般の人々は「それで結局、私たちの生活はどう変わるのか」が分からなければ、その商品に価値を感じてはくれないのです。

「Think different.」は、視点を変えることの重要性を訴えただけでなく、そのキャンペーン自体が、技術者視点から生活者視点に切り替わっていたからこそ、大きな支持を得られたのでしょう。

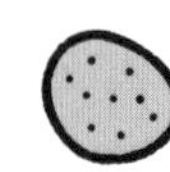

なぜ「商品の良さ」を訴えるだけでは売れないのか？

ちなみに、私がお伝えする「視点を変える」という考え方は、何も一流企業や特別なシーンでだけ発揮されるものではありません。**あなたの周囲に起きるすべての課題で必要とされます。**

会社であれば、企画が求められる商品開発やマーケティング部門などはもちろん、それ以外でも、営業部門、販売部門、総務部門、経理部門、情報システム部門、製造部門、人事部門などそれぞれの現場でそれぞれの悩みや課題があります。

「売り上げが落ちている」
「新規顧客の開拓ができない」
「書類の発送に時間と手間がかかりすぎる」
「電話対応で仕事が中断する」
「雑用に時間が取られる」
「精算書類の提出が遅い」
「問い合わせの対応で丸1日がつぶれる」
「せっかく作ったマニュアルを誰も読んでくれない」
「単調な仕事でモチベーションが上がらない」
「人が集まらない、人がすぐ辞める」

こうした課題を解決すべく打ち合わせや会議を繰り返しても、ありきたりな意見しか言えず、突破口が見つからないという悩みをお持ちなのではないでしょうか。

そういう時に、視点を変えるという考え方は有効です。「Think different.」が大げさなら、**「Think ちょい different」**といった考え方を持つと、意外と簡単に課題解決にもつながります。

例えば、「なかなか営業成績が上がらない」という悩みを持つ保険の営業マンがいるとします。

彼は日々、目の前のお客さんに、自分が売ろうとしている保険のスペックを説明し、いかにいい商品か力説しています。

「病気や入院のリスクへの備えは十分ですか？」

「資産運用にも最適な商品です」

しかし、相手の反応は鈍いまま。

「今は、そんな保険必要ないしね」

そう言われてしまえば、彼は後に続ける言葉が見つかりません。結局、今日もお客さんは首を縦に振ってくれることはなく終わりました。

さて、ここで問題です。

【問題】あなただったら、どのように保険の商品を売りますか？

この設問、いろんなやり方があるので、正解は1つだけではないかもしれません。それでも、「視点を変える」方法は分かりやすく有効な解決策だと思います。

先ほどの保険営業の話を振り返ってみましょう。この場合、何がいけないのでしょうか。

「説明が下手なんじゃないか」

そうした理由も少しはあるかもしれません。しかし、それだけではない気がします。

「必要ない」と言っているお客さんに、保険の良さをいくら上手に説明したところで、徒労に終わりそうです。こういう時こそ、視点を変える必要があります。

ここでいう「視点」とは物事を考える際の着眼点のこと。
例えば、人が商品を買うのはなぜでしょうか。

「必要だから買う」

「いい商品だから買う」

という「当たり前」の着眼点が、まず出てきます。

しかし、相手は「必要ないから買わない」と返答をしてきました。「商品の良さ」にも反応がありません。

普通の人ならここであきらめてしまいます。しかし、視点を変える思考法を身につけたのであれば、考えを広げられます。

「必要性」と「商品の良さ」に代わる新たな視点が必要になります。それも、相手が欲しいと思うような視点です。

先ほど「必要だから買う」というのが当たり前、とお話ししましたが、より正確に言えば「自分にとって必要」ということです。

「主語」を変えるだけで相手の反応が変わる

お客さんは「必要ない」と言いましたが、ひょっとすると、お客さんの家族にとっては必要かもしれません。

「高齢のお父様、お母様にとっても、こんなにお得なんです」

「病気のご家族のサポートになる商品です」

こう言えば、相手の反応も変わるかもしれませんね。「たしかに、そうかも」と思って身を乗り出して聞いてくれるかもしれません。商品説明の内容も「誰に必要なのか」によって変わってくるでしょう。少し視点を変えるだけで、突破口が見えてくる可能性があります。

【回答例】主語を変える

つまり、**主語を目の前にいる「お客さん」から、「お客さんのお父さん」「お客さんのお母さん」に変えた、ただそれだけです。**それで膠着(こうちゃく)していた商談の突破口が見えてくる。

けっして値引きをしたわけでもなく、大幅にプランを練り直したわけでもないのです。

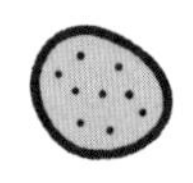

「視点を変える」ことで雑談が盛り上がる

視点を変える思考法が身につくようになると、何げない会話でも「ちょっとこの人の発想は違う」「面白い人だ」ということであなたの評価も上がります。

日常の会話では、天気の話や世の中で話題になっていることなど切り出すパターンが多いでしょうが、それでは会話は続きません。

「毎日暑いですね」「そうですね……」

これで終わり。

最近、**仕事の前の雑談の場は「アイスブレイク」と呼ばれ、クライアントに自分を印象づけるチャンスとして注目されています。**こういう時でも、視点を変えるスキルは活きます。

天気などの一般的な話ではなく、もっと相手を意識してアプローチしてみましょう。

例えば、最近のことですが、私は「さゆり」さんという女性と打ち合わせをすることになっていました。そこで、ちょっとしたドリンクでも買って用意しようと思って、打ち合わせ前にコンビニに立ち寄りました。

少し肌寒い日だったので、普通の人なら温かいお茶かコーヒーを買うところです。

ただ、それだけではちょっと面白くないなと思いながら、コンビニをウロウロしていたら、たまたま「白湯（さゆ）」を売っているのが目に入ったんです。

そこで、思い出したのが「さゆり」さんというお名前です。私は、白湯と一緒にマジックペンも購入して、パッケージの「白湯」の文字の隣に「リ」と書き加え、打ち合わせの席に持っていきました。さりげなく白湯を置いて、

「あなたのために僕がプロデュースして、お湯を発売しました」

と言うと、さゆりさんが、

「あっ、本当だ！『白湯リ』って書いてある」って驚いて手に取ると……、「これ、あなたが書いたでしょ！」と、かなり大ウケでした。

もうこれで雑談は必要ありません。「野呂さんって、面白い人」と思われて、その後の打ち合わせは盛り上がりました。

こうして、「白湯」という言葉から連想して、**別のワードにするのも1つの視点のずらし方**です。ただのダジャレのように思われたかもしれませんが、例えば商品のネーミングを考える際には、こうした視点のずらし方が活きます。

さらに、このケースでは飲み物を単に喉(のど)を潤(うるお)すものと捉えるのではなく、相手に自分を印象づけるツールだというふうに視点を変えた、という側面もあります。

私は、どうすれば人を笑わせたり喜ばせたりできるかを常に考えるクセがあって、今回もちょっと仕込んだだけです。ただし、**私は子どもの頃から面白いって言われるタイプではなく、これも訓練でなし得たことです**。

私は雑談の場で、基本的には天気の話はNGにしていますが、天気の話で退屈しない方法を考えたことがあります。

ある夏の日。連日の猛暑で「暑いですねぇ」という話は食傷気味でした。でも、まず取り交わす雑談としては避けられない切り出しで、何かインパクトを与えられないか考えてコンビニに寄って仕込みを行いました。

アポイントの時間になり挨拶を交わしました。

「今日も暑いですね」

「そうですね」

「あまりに暑いので、そこのコンビニで全部買い占めてきました」

そう言って、大量の「ガリガリ君」をお土産に差し出しました。おそらく30本以上あったと思います。

「ちょっと野呂さん、何やってるんですか！」

相手はびっくり。

「これ食べると体が冷えますよ。１本いかがですか？　このコーンポタージュ味、なかなかいけますよ」

もう食べ切れないいくらい買っていますから、オフィスの他の人にも配ります。雑談は「ガリガリ君」の話で持ち切り。

この一件は今も「ガリガリ君伝説」として名を残しています。

私の場合は視点をずらして雑談のために〝物〟を仕込みましたが、要は相手と上手く溶け込めるか、その後の打ち合わせをスムーズに発展させられるかといったコミュニケーションです。

ですから、**雑談用のネタは常に自分のなかで持っていたほうがいい**わけです。もちろん相手が何か話題を振ってくれれば、それに合わせて乗っかっていけばいいだけですが、もし相手がまさに「今日も暑いですねぇ」と言ってくれれば、「そうですねぇ」で終わってしまいます。

だからこそ自分の持ちネタを用意しておくことです。例えば、自分で見聞きした話をすることです。街を歩いていたらこんなものを見つけた、コンビニに行ったら面白い商品を見つけた、○○の前を通ったら不思議な集団に出くわしたなど、ネタとしてストックしておきます。そして、その経験に自分なりに疑問や不思議に思ったことをつけ加えます。

すると、「円安で訪日外国人がすごいですね」とか「異常気象で物価も高騰していますね」といった、相手が「そうですねぇ」で終わってしまうようなありきたりなネタは必要なくなります。こうしたネタ集めは雑談だけではなく、普段から視点を変える際の訓練にもなっていきます。

雑談においても視点を変えたほうが周囲にインパクトを与えたり、感心されたりするということなのです。

さて、ここまで「視点を変える」ことの重要性についてお話ししてきました。では、具体的にどうすれば視点を変えられるようになるのか。

そのためには、冒頭でお話ししたように**「テクニック」を身につければいい**のです。

また、その手前で、よりテクニックを活かせるようにするための「考え方」や「普段の行動」が視点を変えるモードになっていれば、より一層いいでしょう。

次章以降で、具体的にどのように思考や行動を変えて、どんなテクニックを身につければいいのか、詳しくお話しします。

第2章

「普通のことしか言えない」人の頭の中

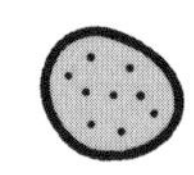

誰だって「1つ目のアイデア」はつまらない

視点を変えられない、増やせないという人を見ていると気づくことがあります。

それは**「意見の数が少ない」「思いつきだけで話している」**ことです。

例えば、街のレストランでお客さんになかなか来てもらえず困っているお店があるとします。このままではつぶれてしまうので、どうすればお客さんに来てもらえるか、スタッフみんなでアイデアを出し合うことにしました。

「チラシを配ったらどうですか」

「もっとメニューを増やしましょうよ」

「インスタのアカウントを作りましょう」

悪くはないですが、どの意見も普通で、ライバル店もこのくらいは当たり前にやっていそうです。これだけでは勝てる気がしません。

「ちゃんと考えたよ。けど、これくらいしか思い浮かばないんだよ」

そう言うかもしれません。たしかに、まったく考えていないわけではないかもしれませんが、「とりあえずその場で少しだけ考えて、何か思いついた意見を言ってみた」という感じがぬぐえません。

薄い意見が「ウスイケ」なら、**思いつき意見は「オモイケ」でしょうか**。

なぜ、なかなかいい意見が出ないのか。主に2つの理由があると思います。

①普通のことを1つ、2つしか思いつかない
②面白いアイデアを思いついたのに、批判が怖くて言えない

時には②のケースもあり得ますが、ほとんどは①ではないでしょうか。

会議の参加者がその場で思いついたことを、パッと言って課題解決ができれば誰も苦労はしませんよね。だいたい1つ目のアイデアというのは、誰もが思いつく中身で

あることが多く、つまらないものです。

こういう時に大事なのが**「思いつき」を増やす**こと。

1つ、2つで終わらせずに、3つ4つ5つと重ねて**「思いつきの深度」を深めていくイメージ**です。1つ目の思いつきは、最初の視点にすぎませんから、そこから視点を変えていきましょう。

「けど、その3つ目、4つ目が出ないんです」

「そんなに、面白いアイデアがポンポン出てきませんよ」

そう言うあなたは、ひょっとして「すごくいいアイデア」を出そうとしていませんか？　そういう思い込みが、視点を変えられない元凶です。**アイデアは面白くなくていい**のです。

たくさん案を出せば、そのなかに1つくらい使えそうなアイデアがあったりします。あるいは、1つひとつは弱くても**「これとこれを組み合わせればいけるかも」**といった具合に、アイデアをつなげたり、掛け合わせたり工夫すれば面白くなるかもしれません。

「いいアイデア」を出そうとして、**自分の案に「あれもダメ」「これもダメ」と自主規制をかけ続ければ続けるほど、視点を広げることができなくなります。**その結果、アイデアが浮かばなくなり、意見が言えなくなります。


私が思うに、「最高のアイデアを出そう」と思っている人は、失敗を恐れている人です。なぜ、そんなに失敗をしたくないのか。完璧（かんぺき）主義なのか、人目を気にするシャイな人なのか、あるいは上司が鬼のように怖くて失敗できないのか。

失敗を恐れないことについては、かのイーロン・マスクも**「ロケットの世界では、全部で1000通りの方法があっても、そのなかで上手くいく方法は1つ」**と語っています。

あなたは、イーロン・マスクのような有名な人なら、すごい方法をバンバン思いついて、全部成功させているようなイメージを持っているかもしれません。しかし、実際には999回も失敗を重ねているのです。

言い換えれば、成功する人とは、頭のいい人でもアイデアマンでもなく、失敗を恐れない人なのかもしれません。

フェイスブックの創業者であるマーク・ザッカーバーグも**「いまだかつてない最大の成功は、失敗する自由から生まれる」**と語っています。

没の山の中に成功案が埋もれている

視点を変えるということは、失敗を恐れないということと同義だと思います。「いいアイデアを出そう」なんて思わず、ダメなアイデアじゃんじゃん出そう、と視点を切り替えたほうがいいかもしれません。できたら、ぶっ飛んだ案を出していきましょう。

電通のコピーライターで、ギャラクシー賞を受賞した経験を持つ橋口幸生さんは著書『100案思考』（マガジンハウス）のなかで、

「いいアイデアを考えてくる人には共通点があります。それは『とにかくたくさん数を出すこと』。一案しか持ってこない人のアイデアが優れていたことは、ただの一度もありません」

「**最高の一案は、山ほどのつまらない案の中に、ひっそり埋もれているものなのです**」と語っています。

大事なのは**「ダメな答えでいいからとにかくたくさん出す」**ということ。「面白い」答えを100考えるのは、かなり困難です。

机の前でうんうんと唸(うな)って考えて、1つ2つありきたりな答えを出しても意味がありません。どうせ100考えるのなら、**思い切って「やんちゃな」「常識外れな」「あり得ない」考えを、どんどん出してみてはどうでしょうか**。

そもそも、100も考えるとなると、「正しい」答えだけでは達成できないので、自然と型にはまらない考えが出てくるようになるものです。

どうしても100がしんどいのであれば、30でも40でもいいのですが、誰もが感心するような「正解」を出そうとせずに、間違えていてもいいから「たくさんの数」を出すことを意識しましょう。

アイデアを出す段階では「実際に使えるかどうか」は考えなくてかまいません。まずは、あらゆる方向に視点を変えてみること。実際に、その案を実行するかどうかは、後で精査して考えてみればいいのです。

そもそも「ちゃんとした案を出さなきゃ」と思うとしんどくないですか？　くだらなくても、下手でもいいからじゃんじゃん案を出しましょう。そのほうが楽しいと思いますよ。一発必中でいいアイデアを出すなんて無理です。私のように、アイデアで飯を食っている人間でも、無理なのです。

先ほどのレストランのアイデアも、もっといろいろ出せるんじゃないでしょうか。例えば、レトロな音楽が好きな人であれば「80年代ディスコミュージックナイトを実施しましょう」でもいいですし、映画やアニメが好きな方なら「コスプレイベント」でもいいのです。アウトドア好きであれば、レストランを飛び出して、農家とコラボをして収穫体験ツアーとセットにした食事会を開催してもいいでしょう。
こうした、ちょっと面白いアイデアは、なかなかすぐには出てこないと思います。**自由な雰囲気で、できるだけたくさんの案を出していけば自然と視点が変わり**、そのうち突破力のある案が生まれてきます。

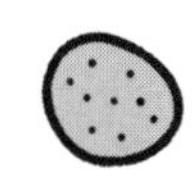

「素直で真面目」な人ほど視点を変えられない理由

視点を変えられる人は、枠にはまった考え方をしません。思考の自由度が高いからこそ、柔軟に視点を変えられます。では、あなたは枠にはまった人でしょうか、それとも、枠にはまった考え方をしない人でしょうか。

例えば、あなたが連日残業続きで、ヘトヘトに疲れていたとします。その原因は、

残業をなくせるのはどっち？

視点が変わらない人

資料を早く作る
方法を考える

資料

視点を変えられる人

そもそも資料は
いらないと考える

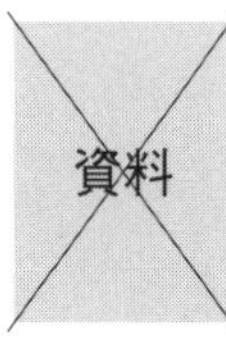

会議やプレゼンに提出する大量の資料作成に大幅な時間を割いているということ。やってもやっても仕事が終わらず、深夜までかかってしまうので、どうにかしたいと思っています。

　そんな時、枠にはまった考え方しかできない人は、とにかく書類の作成スピードを上げよう、文章を早く書けるようにしよう、ショートカットキーをたくさん覚えよう、という「スキルアップ」な答えになりがちです。それはそれで必要かもしれませんが、多少の時短になったとしても、それだけでは定時上がりは難しいでしょう。

枠にはまらない人なら「そもそもその資料が必要なのか」ということから考えます。クライアントへの提出ならともかく、社内向けの資料であれば口頭で説明できないか、あるいは何十ページもの資料ではなく、ペライチに要点だけまとめたほうが結果的に社内の会議でも分かりやすいのではないか、ということも考えられます。

上司や先輩のやり方を踏襲するという**〝枠〟にとらわれる必要はあるのかどうか考えてみる**のも手です。

クライアント向けのプレゼン資料であったとしても、ムダに豪華な資料が必要なのかどうか、あらためて検討してみてもいいのではないでしょうか。クライアントに見せる資料は「きれいに」「豪華に」作らなくてはいけないというのも、ある種の思い込みです。クライアントが望んでいるのは美しさではなく、自分たちにメリットがあるかどうかです。

ある調査によると、商談に使うパワーポイントの資料は、「3色以内」「1ページ105文字以内」が一番成約率が高いのだそうです。そのほうが見やすいということもあるでしょうし、結局は提案の中身しだいということでしょう。

「この仕事は、こんなふうにやらなければいけない」という枠組みにとらわれるのではなく、**「そもそも、その仕事が必要なのか」**という枠の外の視点に立てば、「残業をなくす」という課題解決に近づけます。


ちなみに、私はムダな仕事はしない主義で、特別な事情がないかぎりクライアントへのメールも数行です。1行の時もあります。

「こんな、短いメールは野呂さんだけだよ」と驚かれますが、支障が出たことはありません。「お世話になっております」なんて定型文は使いません。だって、意味がないですよね。

もっとも私は普段からみんなを笑わせて、細かなことは気にしないキャラですから、「野呂だから仕方がないか」と思ってくれているのかもしれません。

あなたが、今までのやり方をいきなり変えると驚かれるかもしれませんが、初めてつき合うクライアントさんなら最初から省略形で通してもいいかもしれませんし、

「私のメールはこういうスタイルです」と宣言しておけば、さほど問題ないでしょう。

では、どうすれば枠にとらわれない考え方ができるのか。

その1つが、**「疑う」**ということ。

「上司や先輩からこうやって教えられたから」

「世間ではこれが常識だから」

「みんな、こんなふうにやっているから」

こうして、**思考停止してしまうと、当たり前のことしか思いつかなくなってしまいます。**

そもそも、日本人は「疑う」ことが苦手ですよね。

上司や先輩の言うことを素直に聞くというのは長らく、日本社会で美徳とされてきた人間像です。

たしかに、仕事で結果を残すためには素直さは大事です。自分より経験があって仕事もできる上司や先輩の言うことを素直に聞いて、学んでいく人のほうが早く成長します。まだ実力もなく、経験も足りないのに、自分のやり方ばかりにこだわる人はなかなか伸びないというのも事実です。

ただし、新人の頃ならそれだけでいいかもしれませんが、ある程度の経験を経て、結果を求められるようになった人は、ただ単に素直なだけでは、かえって結果が出ないことがあります。

素直なだけの人は、マニュアル的な仕事をするうちは伸びますが、自分で創意工夫をして仕事のやり方を見つけていかなくてはいけない段階に入ると、壁にぶつかります。この本をお読みの方も、周囲にそんな人がいるのではないでしょうか。あるいは、あなた自身がかつて経験したことかもしれませんね。

ずっと受け継がれてきた今の仕事のやり方は時代に合っているのか、それが本当に一番いいやり方なのか、もっと効率的なやり方があるのではないか。

そういうふうに**「疑う」と視点が広がります。別のやり方に目がいくからです。**

逆に、疑わずに素直なままだと思考停止です。視点が固定化されたままということです。
あなたには、普段から疑うクセをつけてもらいたいと思います。

例えば、スーパーやコンビニを歩いている時に、商品のネーミングなどを見て疑問に思ったことはないでしょうか。

私はロングヒット商品、桃屋の「ごはんですよ！」という商品名を疑問に思ったことがあります。おそらく、**なぜ「ごはんですよ！」なのか、疑問を持った**ことのある人は少ないでしょう。けど、よく考えてみてください。「ごはん」じゃないですよね。なのに「ごはんですよ！」とは、これいかに。

お店に行けば、いつも当たり前のように並んでいて、それが普通になっているので、「なぜ」とすら思わなくなっています。いわば、「この商品は、こういう名前なのが当たり前」という固定概念ができ上がってしまっているわけです。

しかし、これは明らかに海苔（のり）の佃煮（つくだに）です。しかも、「ごはんですよ」と言いながら、米はいっさい入っていません。

なんでこんなネーミングなのだろうと、私は疑ってかかりました。後で調べてみると、桃屋の社長が、この商品のネーミングに苦慮している時、奥さんが子どもに「ごはんですよ！」と呼んでいたのを聞いて、「これだ！」とひらめいたそうです。

これ以降、会話調の商品名が生まれ、「ごはんですよ！」はしゃべり言葉のネーミングの元祖になりました。


その後、この方式は参考にされ「写ルンです」（使い捨てカメラ）や「お〜いお茶」（食品飲料）などがヒット商品になりました。

スーパーに行っていろいろな商品を眺（なが）めながら「何でだろう？」といった楽しい気持ちで疑うことで、考え方や視点の幅が広がっていきます。

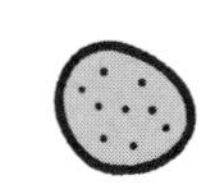

視点を変えられないのは「脳がなまけもの」だから

ところで、**人はなぜ普段から「疑う」ということをしないのでしょうか。**

疑わないということは、その人にとっての「当たり前」「思い込み」を作ること。つまり固定概念ができるということです。すると何がいいのかといえば、考えなくて済むのです。「それはそういうものだから」で済ませば楽だからです。

考えようとしないあなたを、なまけものだと言いたいわけではありません。これには脳の仕組みが関係しています。**ケンブリッジ大学の研究によると、脳は1日に3万5000回もの決断をしている**そうです。

ここでいう決断というのは、大げさな話ではありません。「今日は何を食べようか」「どんな服を着ようか」ということを、何げなく考えていますよね。それも脳にとっては負担です。

どこを見る、どこで手を動かす、足を動かすといったことも含めると「考えること」「決めること」は膨大な数になるので、なるべく決断の回数は減らしたほうが、脳にとって省エネになります。1日に必要なエネルギー量の20パーセントを脳で消費しているとも言われています。

そのため、**「こうあるべき」という固定概念を作って、考える労力を減らしているのです。**

日常の暮らしの中では、過度に考えないほうが脳にやさしいかもしれませんが、ビジネスシーンで固定概念にとらわれていると、上手く結果を出せずに評価も下がることになりかねません。**脳の仕組みなので、頭の良し悪しとは関係なく、誰であっても固定概念に縛られる危険性がある**ということです。意識して、視点を増やす思考を身につけないと、あなたも固定概念のワナにはまってしまう恐れがあるのです。

「疑う」ことをクセにしてしまえば、普段見ているお店の看板も「なぜ、この色なんだろう」「なぜ、この書体なんだろう」と、違う視点から見ることができるようになります。

「もっとこうしたほうが面白いんじゃないか」とか、無責任にいろいろ考えてみるのも楽しいですし、「このタイトルのほうが売れるんじゃないか」など**自分なりの仮説が自然に立てられるようになれば、固定概念からだいぶ自由になってきます。**

固定概念から自由になることで、どんな結果が生まれるのでしょうか。

例えば、水泳の競技に「自由形」があります。「自由形＝クロール」だと思っていませんか。実は、自由形なのですから泳ぎ方は自由です。ただ、一番速い泳ぎ方がクロールということになっているので、みんなクロールで泳いでいるだけ。もしクロールより速い泳ぎ方があれば、別に何でもいいわけです。

けど、自由形と聞いて、パッと頭に浮かぶのはクロールだと思います。そう思い込んでいると、それ以外の発想がまったく出てこなくなるのです。

「本当はクロールより速い泳ぎ方があるんじゃないか」と疑ってみることが重要です。

実は、かつて「自由形＝クロール」といった固定観念を外してみたことで、すごいことが起きていたのです。

２０００年に開催されたシドニーオリンピックの自由形で、クロールのバタ足ではなくドルフィンキックを使って泳いだオーストラリア代表のマイケル・クリム選手が、世界記録を更新したという事例があります。**常識にとらわれない発想で、結果を残すことに成功した**のです。

もっとも、この泳法は体力の消耗が激しく、その後、他の選手が使うことはあまりなかったようです。とはいえ、クロールで泳ぐことに何の疑問も持たなければ、世界記録が生まれることはなかったのも事実です。

疑った目で分析してみるということで最近、私が思ったことがありました。

以前、「いきなり！ステーキ」というお店が苦戦しているというニュースを見た時、「なぜ苦戦を強いられているのか？」といった経済評論家の分析があり、本当の理由は何なのか気になったのです。

記事ではリピーターに対する戦略ミスや急速に拡大した店舗数で各店の質が違ったり、従業員が疲弊（ひへい）したりといったことが指摘されていましたが、**「そもそもそんなに頻繁にステーキが食べたいか」という疑問を持った**のです。

当時、ライザップの糖質制限が流行って肉食ブームだったとはいえ、私の感覚からすれば「ステーキって、たまに食べる贅沢（ぜいたく）として、ステーキハウスに行くのでは？」と思ったからです。

そこで、他のチェーン店の店舗数と比べてみました。

「いきなり！ステーキ」は2019年に500店舗近くまで拡大、2020年には300店を下回り、**私が2024年11月時点で調べてみると177店舗まで減っていました。ただ、これって適数じゃないか**って思ったのです。

例えば寿司チェーンは全国で4100店ほどあって、「スシロー」は644店舗、「はま寿司」は609店舗、「くら寿司」は551店舗ありました。牛丼チェーンも同じような数で4100店ほどあって、「すき家」が1941店舗、「吉野家」が1197店舗、「松屋」が1003店舗。まさに、日本人が通常食べる回数に合っているのではないかと思ったのです。

だったら、カレーチェーンはどうか。国内最大の「ＣｏＣｏ壱番屋」が１３４５店舗、それ以下は１００店前後で、寿司や牛丼の４分の１くらい。たしかにそれくらいの頻度で食べる感じがします。

最後に、日本食の天ぷら屋チェーンでは「天や」が１４８店舗、立ち食いそばチェーンでは、関東圏で４００店舗弱です。


あくまで私見ですが、こう考えると、「いきなり！ステーキ」の最盛期の５００店舗って、そもそも多すぎじゃないか。そんなにステーキって食うのかという話です。

こんなふうに、面白い発見ができます。固定観念を外してみて、物事を疑ってみると、人とは違った自分なりの意見が生まれるのです。

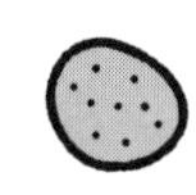

「エルメス」は視点を変えて世界的ブランドに成長した

数ある固定概念のなかでも、もっとも強固なものの1つが「前提」です。

多くの人は勝手に「これは、こういうものだから」ということを想定して、それに縛られて自由な発想ができなくなっています。

例えば、アイスを食べ終わった後のアイスの棒。おそらく、捨てていますよね。

なぜなら、あなたにとってその木の棒は「アイスの棒」でしかないからです。

しかし、それが**「アイスの棒」だという前提を崩したらどうでしょうか？**

もっといろいろ使い道があるんじゃないでしょうか。例えば、細かな隙間のそうじ道具にも使えるかもしれません。

視点が変われば「アイスの棒」の役割も変わる

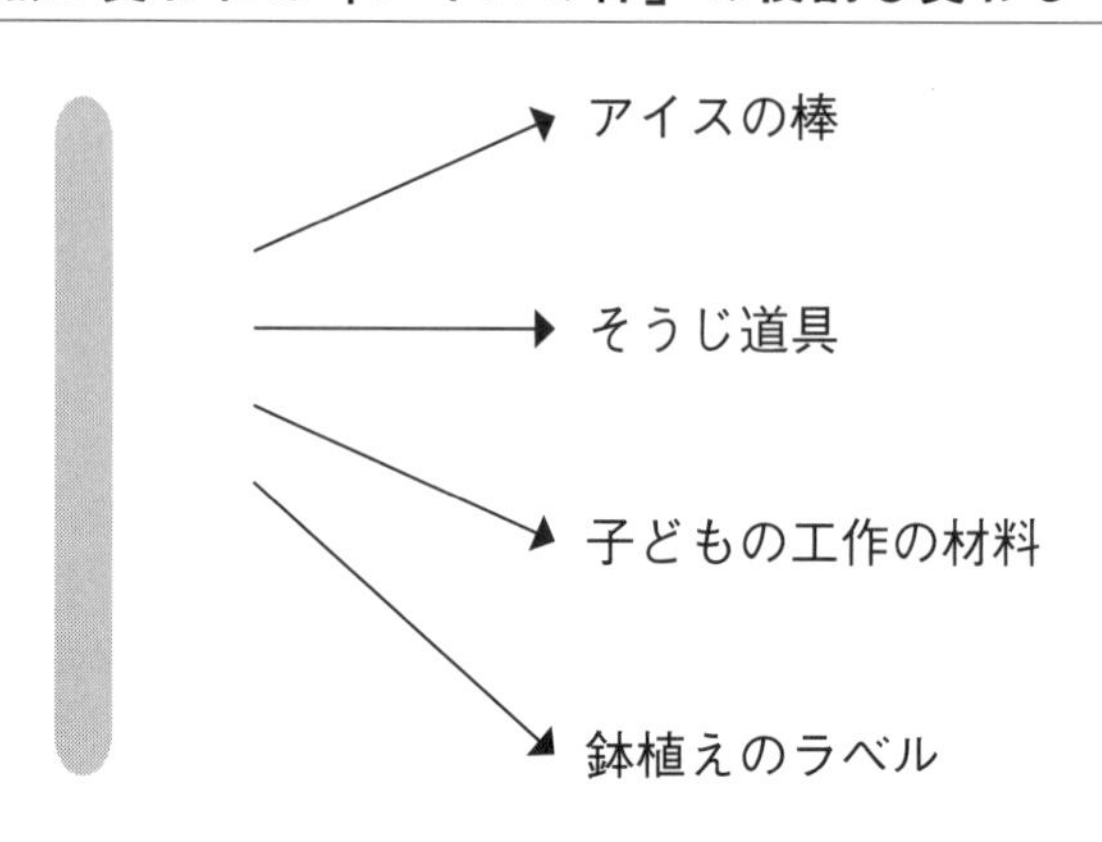

実は、アイスの棒はフリマアプリやネットオークションで売られているケースがあるのです。用途としては、子どもの工作の材料とのことです。利用できるだけでなく、お金にもなるんですね。あなたは知らないうちに、お金をゴミ箱に捨てていたのかもしれません。

このように「前提」にとらわれていると、視点を変えることができなくなります。
あなたは、前提に縛られやすいタイプでしょうか？
ここで、あなたに問題です。

【問題】「しかも」という言葉を使って、例文を書いてみてください。

どうでしょう。

いろんな答えがあると思います。「しかも」は一般的に、強調の意味で使われることが多いので、

・指輪をなくしてしまった。しかも、それは恋人からもらった指輪だった。

・彼はお金持ちのおぼっちゃんだ。しかも、株でさらに儲けている。

とか、こういう文章を「正解」だと思う人が多いのではないでしょうか。

ちなみに、私の答えは次のようなものです。

【回答例】「奈良公園へ行ったらシカもお辞儀をした」

どうです？　ちゃんと「しかも」が入っていますよね。

「そんなの、おかしい」と思う人は、おそらく視点を変えるのが苦手な人でしょう。

学校では「正解」を教えられます。たしかに、国語の文法でいえば「〜〜。しかも○○」といった形式が正しいのでしょうが、そんな前提は設問にはなかったですよね。

「しかも」と言われて、**学校的な正解しか思い浮かばなかった人は、常識の範囲内でしか視点を変えられず、視野が狭くなっています**。つまり、誰でも分かっている「当たり前」の答えしか出てこないということです。

では、もう1つお聞きします。

「いかにも」という言葉を使って、例文を書いてみてください。

これも、人によって答えはまちまちでしょうね。

先ほどの、「しかも」の話の後ですから、もっと自由に考えてみてください。

ちなみに、私の答えは**「イカにもタコにも足がいっぱい」**です。

学校でいい成績を取っていた人ほど、こういう答えは苦手なんじゃないでしょうか。

ペーパーテストには「正解」があります。最近は、正解をあえて設けずに生徒に考えさせるテスト問題も増えているそうですが、少なくとも、今社会人としてバリバリ働いている世代の方にとっては、学校のテストや受験は「正解」を答えないといけないものでしょう。

そうした思考に慣れているため、何か思いついても無意識のうちに、出題者が意図する「正解」をくみ取って、それに合わせた答えを出すクセがついています。そのため、**型にはまった手堅い考えしか出てこない思考回路ができ上がっています**。

相手の意をくみ取ることが大事な場面では、それでもいいのですが、何か新しい発想が欲しい場面ではかえって自由な考えを阻害してしまいます。

特に、ビジネスの現場は、ルールのない答えを求められることも多いでしょう。

私は、設問の「穴」を見つけるのが大好きです。いかに面白い提案をするか、それで「こいつ面白いから、また会議に呼ぼう」と思ってほしいからです。

以前、下着メーカーの方との打ち合わせで、パンメーカーのキャンペーンになぞらえて「春のパンツ祭りやりませんか？」とお話ししたことがあります。

結局、実現しなかったのですが、それ以降もよく相談を受けます。私がいると、「会議が爆笑で盛り上がって、参加者みんな物事が頭に浮かぶんだよ」と言っていただいています。

前提に縛られないということは、アイデアが出やすい雰囲気作りにおいても重要です。

先日、プロバスケットボールチームの方と打ち合わせをしたのですが、「野呂さん、せっかくだから一緒に面白いことやりませんか？」というありがたいお話をいただきました。

それに対して、私は「すみません。シュートとドリブルが下手でちょっと無理です」と答えました。

「ちょっとちょっと、そういう意味じゃないから。コートに立たなくていいから！」と大笑い。こんなことの連続です。ここでも、「ＰＲの専門家」という前提を意図的に外して、バスケットボール選手としての答えをしているわけです。

時には、**思い切ってぶっ飛んだ「大ボラを吹く」ことをやってみるのもいいと思います。「ムーンショット」という言葉があるくらいです。**

ムーンショットとは、１９６１年にケネディ大統領がアポロ計画を発表した時に生まれた言葉です。アポロ計画とは、月に人を行かせて地球に帰還させるというものでしたが、当時は「そんなバカな！」と思われるくらいぶっ飛んだものでした。しかし、計画は成功しホラが現実になりました。

ケネディ大統領が、「まずは宇宙服を作って頑張りましょう」などと段階的に計画を発表していたら、８年後の１９６９年に月面着陸は成功していなかったでしょう。

日本で言えば、孫正義さんも誰も成功しないだろうというビジョンをぶちまけます。これもムーンショット。そんな孫さんについていった人だけが彼のビジョンを成功に導いていったのです。

そういった意味では、**ちょっと無茶な意見が人の心を動かします**。ウソつきにならない範囲なら、少しくらい羽目を外してみてください。そのほうが、視点が変わりやすいと思います。

私は今、あるクライアントさんと**「家1軒プレゼント」という、なかなかぶっ飛んだ内容の企画を進めています**。これも、予算がどうとか、可能か不可能かということを優先して考えていたら出てこないでしょう。

家1軒プレゼントとなればもちろん莫大（ばくだい）な予算は掛かるのですが、土地を持っている裕福な方が応募してくるので、そうした人たち相手のビジネスを行うということを考えれば、ぶっ飛んではいるものの必ずしも無茶な話ではないのです。

前提を疑うことで、成功したビジネスの事例に富士フイルムがあります。

富士フイルムは、その社名が示す通り、もともとはカメラのフィルム事業で成り立っていた会社でした。しかし、デジカメの普及に伴い、フィルム事業は大幅な減収に見舞われます。

「フィルムの会社」という前提で考えていては、次の一手を打つのは厳しかったでしょう。前提から考えていたら倒産を待つしかありません。そこで**「フィルム」という前提をとっぱらって、自分たちに何ができるのか考えてみました。**

すると、「フィルムの主原料は肌の弾力を保つコラーゲン」「フィルムの劣化を防ぐ抗酸化の技術はアンチエイジングに応用できる」ということが分かり、フィルムの会社であるにもかかわらず化粧品事業に進出し、これが大当たりだったのです。

同じく「コラーゲンの技術は細胞の培養などにも役に立つ」ことが分かり、医療・ヘルスケアの分野にも進出。同社では、これからの成長事業と位置づけています。

ちなみに、フィルムにこだわったアメリカのコダック社は２０１２年に倒産しました。

前提を疑うことで成功した例は他にもあります。

化粧品メーカーのイメージが強いカネボウはもともと、「鐘ヶ淵(かねがふち)紡績」という織物産業の会社でしたし、トヨタ自動車もかつては「豊田自動織機製作所」という布を織る機械を作っていた会社の一部門でした。

有名ブランドの「エルメス」も、もともとは創業者のティエリ・エルメスがパリで開業した小さな馬具工房でした。自動車が普及するようになって馬具が売れなくなったことをきっかけに、馬具作りで培った革の技術を活かしファッション革製品のお店に業態転換。やがて世界的なブランドへと成長しました。

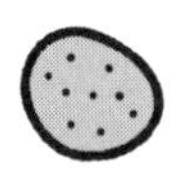

「意識高い系」が意外に上手くいかない理由

新しい視点が見つけられない人にありがちなのが、「自己完結」しようとすることです。あなたが、仕事やプライベートで、何か課題を抱えていたとします。それを解決するためにいいアイデアを出そうと、**1人で机の前で「うーん、何かいい方法はないかな」とだらだら考えていても、視点を変えることは難しい**ものです。

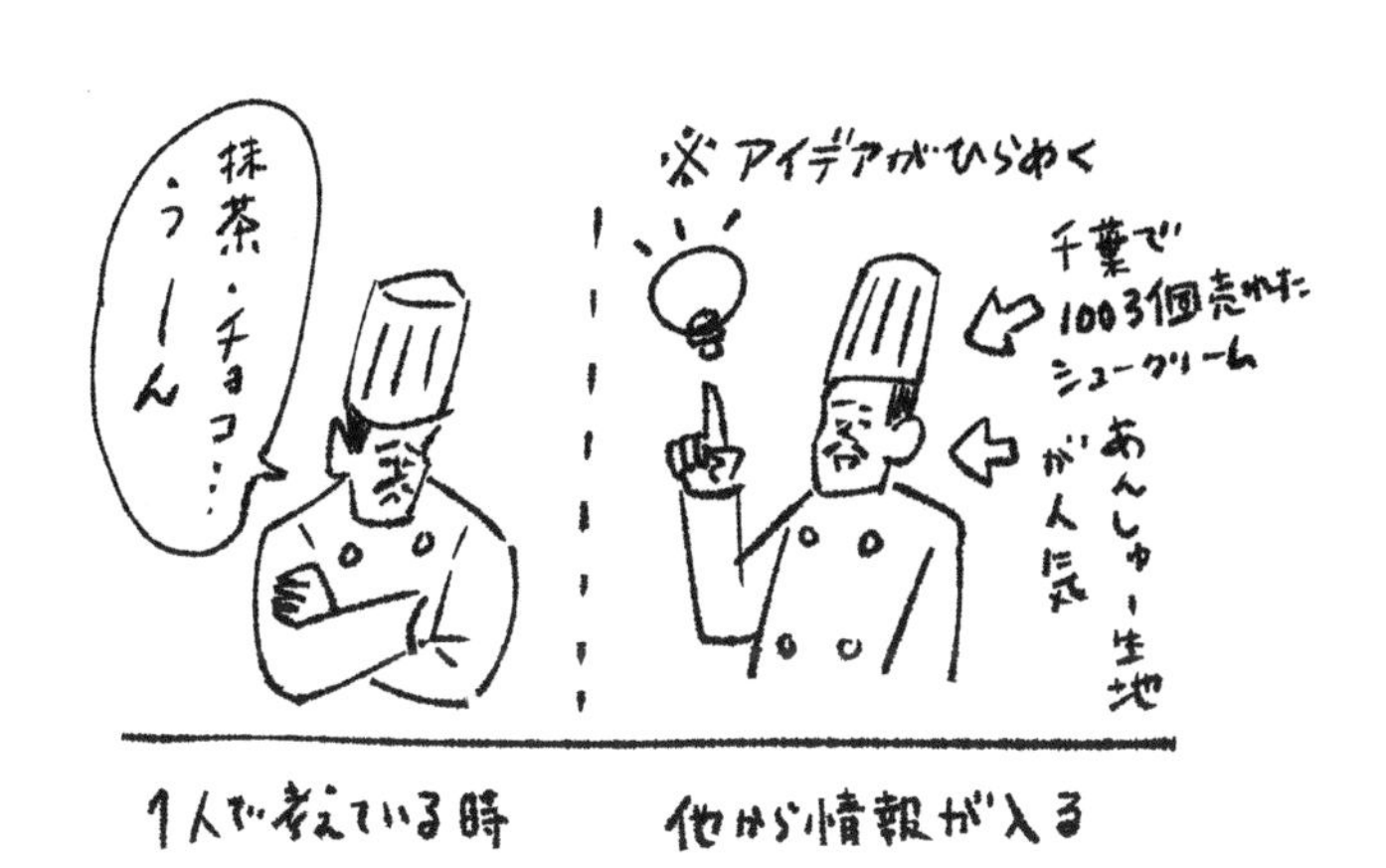

なぜなら、自分の頭の中にある知識や経験だけでしか考えられないから。あなたがよほど多様な経験を積んだ人か、あるいは普段からインプットを増やすことを心掛けている人でないかぎり、なかなかいいアイデアを思いつけないのです。

例えば、洋菓子店で新しいシュークリームを売り出そうと、あれこれ知恵を絞っていたとします。店主が1人で、あれこれ考えてもなかなかいいものは出そうにありません。

「抹茶、チョコ、ストロベリー……」といくつか考えを出したところで、腕組みして止まってしまいました。

1人で考えても、よほどのアイデアマンでもないかぎり考えに詰まってしまいます。

そういう時は、**外界から情報を入れましょう**。

まずは、売れている他店のシュークリームを調査すれば「最近は、あんこをシュー生地で挟んだ商品が人気らしい」とか、「千葉県のスーパーでは年間100万個も売れるシュークリームがあるらしい。どんな秘密があるんだろう?」という情報が入ってきます。

情報は直接シュークリーム作りの参考にもなりますし、その事例に刺激を受けて別の新しいアイデアが生まれるかもしれません。

いいアイデアがあればどんどん参考にしましょう。

しかし、「いや、私はパクりはしない。オリジナルにこだわる」。

そう言って、なかなか他のアイデアを参考にしたがらない人がいるのも事実です。

意識の高い人ほど「二番煎(せん)じのアイデアはダメだ」「他人のマネなんか絶対にしな

い」と決めつけて、無理やり自分ひとりで考えようとしているケースが見受けられます。**プライドの高い人にありがちなのが「オリジナル信仰」**です。こういう人もまた、視点を変えられないタイプです。

世間では天才と呼ばれている人でも、実際には他の作品を参考にし、刺激を受けて新しいものを生み出しているものです。

今や、国民的人気アーティストになった米津玄師さんも、オリジナル信仰については否定的です。ウェブサイト「Real Sound」のインタビューで、次のように語っています。

「俺はオリジナリティー信仰みたいなものが嫌いなんですよ。誰も見たことも聞いたこともないものしか許さない、と言ってしまう感じ。（中略）音楽って、フォーマットじゃないですか。『型』のようなもので成立している部分があるのは事実で、そのなかでいかに自由に泳ぐかじゃないかと」

あくまで、すでに先人たちが築いてきた「型」が作品のベースであると語っています。

つまり、**「ゼロイチ」を目指してはいけない**ということ。

「ゼロイチ」とは0から1を生み出すという意味で、何もないところから、新たなアイデアを生むことを指します。

文字通り「まだ世の中にない、新しいモノやサービス、価値を生み出すこと」で、誰も考えたことのない斬新(ざんしん)で新しいアイデアを出すことです。

もしも、そんなアイデアを会議で出し、それが実現して大ヒット企画につなげられたら、どれだけ素晴らしいでしょう。誰もが一度は夢見ることですが、私に言わせれば、**夢であっても絶対に考えないほうがいい**と思います。

未知の領域への挑戦のため成功の確率が低くリスクが高いこと、新しいアイデアを生み出すこと自体が難しいこと、多くの時間・資金・人材が必要でゼロから集めるのは大変であることなど、まさに発明家の領域です。

世の中には、ごくまれにゼロからイチを生み出す人がいますが、研究者か発明家として生きるタイプの人でしょう。会社勤めに向いていないと思っています。

そもそも世の中にゼロイチはそうそう存在しません。

あなたが、斬新なアイデアだと思っているものも、真の意味でゼロイチなものは少ないものです。

例えば、スマートフォン。一見すると、まったく新しい商品として世に出てきたようなイメージがありますが、よく考えてみれば「電話×パソコン」が原型です。もちろん技術革新でポケットに入るサイズにまで小型化した点はすごいのですが、けっしてゼロイチではありません。

発想術のロングセラー『アイデアのつくり方』（CCCメディアハウス）を著したジェームス・W・ヤングは「アイデアとは既存の要素の新しい組み合わせ」と語っています。

アイデアとは、まったく何もないところから、ポンと生まれてくることは滅多にありません。**すでにあるものを、どう組み合わせて新しさを演出するのか、それが勝負の分かれ目**なのです。

近年、人気の論客の1人、ひろゆきさんの著書に『1％の努力』（ダイヤモンド社）というベストセラーがあります。

この本によると、世の中には「0から1を生み出す人」「1を10にする人」「10を維持しながら11、12……にしていく人」の3つのパターンがあり、ゼロイチは天才で、コネや経験を活かして10にまで引き上げる人、成長が止まった後でそれを維持させる人がいると言っています。

そして、天才でなくても天才に勝つ方法が「1％の努力」だということを述べたのがこの本のテーマです。

ひろゆきさんは映画やゲームなど、エンタメにたくさんの時間をつぎ込んでいたことを「何十時間もエンターテインメント業界を勉強した」と考え、それを自分の手札にしました。その蓄積で「2ちゃんねる」は、当時あった「あめぞう」という掲示板をマネして作り、ニコニコ動画は、ユーチューブにコメントを乗せる仕組みを作ったドワンゴの社員がいたので、それに乗っかっただけだったそう。

つまり、ゼロからアイデアを生み出す力は必要なかったと言っています。これまでのエンタメの蓄積があったので、「あっ、それは面白いかも。こうすればもっと伸びるかも」という提案からプラットフォームが誕生したのです。

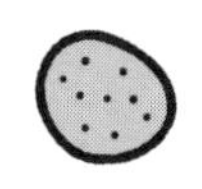

「すごいことを言おう」と思うと何も言えなくなる心理

あなたが友人も含めた複数人のグループでどこかに遊びに行ったとします。

そのなかに、あなたとは初対面の人がいて、共通の友人が「こいつ、めっちゃ面白いヤツだから！　よろしく！」と言ってあなたのことを紹介してくれました。

共通の友人は、褒め言葉として言ってくれたようですが、あなたのプレッシャーは爆上がりです。

「えっ、そんな紹介されても、普段もたいして面白いことなんて言ってないよね」と内心思いますが、後の祭り。

とりあえず、初対面の人と挨拶を交わしますが、さっきの「面白いやつ」が呪縛(じゅばく)となって次の言葉がスムーズに出てきません。結局、たいして話が盛り上がらないまま終わってしまった、なんて「あるある」じゃないでしょうか。

「面白いことを言おう」とか「すごいことを言おう」と思うと言葉が出てこなくなる体験は、プライベートだけでなく、仕事でもあり得ます。

会議の席で、なかなかいい意見が言えないという人は、「カッコいい」「素晴らしい」ことを言おうとしているのではないでしょうか。そう考えた途端に何を言ったらいいか分からなくなります。

自分で自分の発言のハードルを上げているのです。

だいたい、上手いことを言おうとすると視点を広げられなくなります。すごい意見でないといけないと思えば、思考の自由度がなくなります。考えを広げたり、深めたりできなくなるからです。

誰しも、他人から尊敬されたい「名誉心」のようなものは持っていると思います。しかし、だからといって「自分を大きく見せようとする」という人は、視点を変える発想が苦手なようです。

視点を変える発想ができる人は、得てして腰が低いものです。

本来、**視点を変えようとするのであれば、自分の考えに制約を設けないほうがいい**のです。そもそも「すごいことを言おう」なんて思わないほうがいいのですが、つい見栄を張って、カッコいいところを見せようとするのも人の性（さが）かもしれません。

こういう時に有効なのが、**発言する前にハードルを下げておく**ことです。

例えば、「まだフラッシュアイデアなんですけど……」とか「まだ頭の中で整理がついていないのですが……」など前置きしておけば、少々、突拍子のない意見だったとしても言いやすいですし、聞くほうも心の準備ができているので批判したりしません。

私も仕事柄、さまざまな企業の会議に出させていただいていますが、周囲から「野呂さんのことだから、きっとすごいことを言うんじゃないか」と期待されている空気をまざまざと感じることがあります。こういう時に、**期待に応えて目の覚めるような斬新な意見を言うなどということは1ミリも考えません。**むしろ、期待されないように努力をします。「さっきまで何も思いつかなくて、ホントすみません」という感じで自分のハードルを下げています。

こういうふうに、期待値を下げておくことを、**心理学では「ローボールテクニック」**と言います。いきなり高い球を投げるより、低い球から徐々に慣らしていったほうが捕球しやすい、という意味です。

例えば、サブスクのサービスではよくある「最初の3カ月は無料」というケースもそうですし、「〇〇円で飲み放題」という居酒屋の張り紙につられて入ったらチャージ料がかかったみたいなケースも、ローボールテクニックのやり方です。

つまり、最初は低くということですから、会議や打ち合わせなどでも、「まだ整理ができていないのですが……」「アイデアベースでお話しするなら……」というふうにアイデアを投げておいて、きちんと準備をした企画案を言うのも手です。

準備をした自信の案があるのであれば、ハードルを下げておくとギャップが生まれ、聞いている人は驚いて、「すごいじゃないか」と称賛してくれるかもしれません。

また、ハードルを下げたうえで、いくつものアイデアを出してもいいでしょう。本命の案は最後にしたほうが言いやすいと思います。

視点を変えるためには、自分をすごく見せるよりも、むしろダメに見せるほうがいいのです。逆に、すごいところを見せてやろうと意気込む人ほど、たいしたアイデアは出ないものなのです。

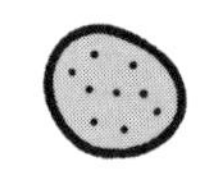

笑顔が絶えない会議から最高のアイデアが生まれる

野呂調べによると、**視点を変えるのが得意な人は「笑顔が多い」**と思います。笑顔だと何がいいのか。それは「心の自由度が高い」ということだと思います。

逆に、何か意見を言おうとする時に「しかめっ面」な人は視点を変えるのが苦手な印象があります。

なんだか、この世の終わりみたいな顔をして「うーん」と唸って腕組みをして宙をにらみ、黙って考えています。本人はいたって真剣に面白い意見を言おうとしているようですが、こういう人から、面白い意見を聞いた試しがありません。

本人は一生懸命考えているのでしょう。

けど、「いいアイデアを出そう」と頭の中でぐるぐる考えをめぐらせても、やはり

同じところをぐるぐると回っているだけで、一向に答えにたどり着きません。

こういうのって、会議の場でも同じことが言えます。

例えば、偉い人がテーブルの真ん中辺りにドンと座って、会議のメンバーをぎょろりと見わたすような会議では、みんな萎縮してしまいますよね。

「みんなどんどん意見を言って」と偉い人がうながしてもなかなか意見が出ません。

誰か1人が勇気を出して、「私はこう思うんですけど……」と言ったら、偉い人に「それじゃダメだよ」と全否定される。

シーンとして、お互いが顔を見合わせて沈んだ雰囲気。笑いがないのはもちろん、誰も次の発言をしようともしない。これじゃあ、いくら話し合っても課題を解決することなんてできないんじゃないでしょうか。

私は会議が好きです。人と面と向かって言葉のキャッチボールをしていて、そこに何か生み出されるという行為が好きなんです。そして、自分のアイデアをちゃんと形にしたいと思っています。

しかし、多くの人は会議であまり発言をしません。おそらく、意見を批判されるのが怖いのだと思います。反対に、いいアイデアがどんどん出る会議にもある特徴があります。それは、**会議の場に「笑い」がある**ことです。

なぜ、笑いが大事なのかと言えば**「心理的安全性」**と関係があります。

心理的安全性とはハーバード大学のエイミー・C・エドモンドソン教授によって提唱された理論で**「自分の意見や気持ちを安心して発言できる」**状態を指します。

グーグルが2012年から実施したプロジェクトで、心理的安全性は「チームの生産性を高める重要な要素である」という調査結果が出たことで知られています。

会議の席で何か発言したら、別の誰かから否定されるような状況では、なかなか自分の意見は言いづらいですよね。たしかに、心理的安全性がないと活発に意見が交わされなくなり、意味のある会議にならなくなります。

誰からも責められることなく、**メンバー同士が自由に意見を出し合い、失敗を恐れずに挑戦できる**ため、いい意見が出やすいですし、生産性が向上します。そのためには、みんながリラックスして、笑いが常にある状態が理想です。

東京大学教養学部特任教授の宮澤正憲さんは『東大教養部が教える考える力の鍛え方』（SBクリエイティブ）のなかで、「私は会議や打ち合わせではできるだけ『お菓子持ち込みOK！　食べながらのアイデアだし』を推奨しています」と語っています。「『くだらなくてもいい、突飛でもいい、とにかくみんなでたくさんアイデアを出そう』というときには、ノリや盛り上がり、楽しさが大事になってきます」と述べているように、何かアイデアを出す席では、笑いが大事です。

念のためですが、笑いが大事だからと言って、あなたが無理をしてギャグを言う必要はないのです。ギャグを言いたい人は言えばいいし、ギャグが苦手なら言わなくていい。ただ大事なのは**「何かに縛られずに自由に意見を言える」**こと。


ちなみに、私は結構、会議でもくだらないことを言う派です。

私がさまざまな企業の会議に呼ばれて、意見を求められる理由の1つは、私がいろいろ意見を言うことで会議が活性化するらしいんです。良く言えばサービス精神旺盛（おうせい）ですし、まあ言ってみれば「どれだけくだらないことができるか」「どれだけ人をおちょくれるか」という課題を自らに課しているようなものです。

先日もある企業の会議で「『なんてこったパンナコッタ』というバカでかいパンナコッタを1000円くらいで売ったらどうでしょう」とか、「ラベルに怒りマークをつけた『プッツンプリン』とかどうですか」とか、まあ実現できるかどうかなんてかまわず意見を言いまくりました。

こういう時は**「素晴らしいアイデアを出そう」**とか**「いいものを考えよう」なんてまったく思っていません**。そんなことを考えるから、視点が固まったままなのだと思います。

これは、会議だけではなく1人で考える時もそうですよね。

真面目（まじめ）な人ほど、自分の意見に対して「セルフダメ出し」をしています。いろいろ考えた挙句、「これは単純すぎる」「こんなのは誰でも思いつく」「これは予算が掛かりすぎる」「これは誰かに怒られそう」とダメ出しをして、ぐるぐる考えて、結局何も出ない。

実際に上司やクライアントに出す提案書を作る際には、ある程度は実現性を加味して精査する必要はありますが、アイデア出しの段階では、どんどん下手な鉄砲を撃ちまくったほうがいいのです。正しい案ではなく、面白い案を出そうとしたほうがどんどん考えが浮かびます。

そのためには、**普段から正しいことより「面白い」「楽しい」を気に掛けること**ではないかと思います。

私は、普段の生活からどれだけ楽しめるかに人生を懸けているような人間です。会議とか特別な場だけではなく日常のちょっとしたことから「楽しむ」ことを意識してみたら、発想が変わってくるのではないかと思います。


ちょっと汚い話かもしれませんが、あなたが通勤途中に思いもよらずウンコを漏らしそうになったらどうしますか？

まあ、どうするも何も早くトイレに駆け込むしかないのですが、パッと周囲を見わたしても近くにトイレが見つかりません。

私はこんな時でも楽しむことが重要だと思います。どうやって、この状況を乗り切るのか。私だったら、頭の中に映画『ミッション：インポッシブル』のテーマ曲がかかります。そして、ウンコが漏れそうなトム・クルーズになり切ってトイレを探します。

「早くしなきゃ漏れる」とだけしか考えられず、脂汗を流して我慢するだけではつらいだけですし、万が一ということもあります。『ミッション：インポッシブル』のテーマ曲を頭の中で聴きながら、トム・クルーズになった気分でミッションコンプリートを目指す。ちょっとでも楽しく前向きな気持ちになれば、つらさも和らぎます。

しかめっ面の日々から、少々くだらなくても笑える考えが浮かぶようになったら、あなたは視点を変える思考が身についたと言える状態に近づいているのだと思います。

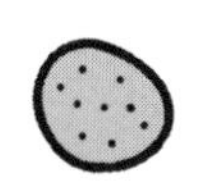

理性より強力な「感情」に支配されない方法

人間の心は、ざっくり分けると、理性と感情でできていると思います。

そして、往々にして、**人は「感情」に支配されがち**です。

例えば、ライバル関係にある同僚が会議でいいアイデアを出したとします。「なかなかいいことを言うじゃないか」と内心では思っていても、つい同僚のアイデアを重箱の隅をつついて「うーん、その考えは悪くないけど、今やるべきことじゃないよね」みたいな、否定するような言動を取ってしまうかもしれません。

要は嫉妬ですね。正論だけで言えば、チームとしての業績を最大化させるために、一番いい方法に賛成すべきですが、なかなかそうもいかないのが人間です。


人間が感情にとらわれやすいことは、医学的にも証明されています。


感情は脳の扁桃体という箇所で生まれます。

例えば、山の中で熊に出会ったら、考えるより先に「怖い」という感情で体がすくんだり、叫んだりします。同じく山の中で毒々しい色のキノコを見たら、そのキノコがどんなものか調べようとするより先に、なんとなくいやな気持ちになりますよね。

扁桃体は、生存に関わる情報を一瞬で判断します。それが感情となって現れます。いわば危機管理能力なのですが、時として感情は、理性や理屈を超えるので、私たちは感情にとらわれやすいのです。

もしも、あなたが仕事で成果を上げたいという気持ちを強く持っていたとしたら、それはなぜでしょうか。「会社に貢献したい」とか「チームのみんなと一緒に喜びを分かち合いたい」とか表向きは言うかもしれませんが、本音ではチヤホヤされたいとか、お金が欲しいとか、異性にアピールしたいとか、そういった想いがあるのではないでしょうか。

そうした気持ちは、頑張る原動力にもなりますし、必ずしもマイナスばかりではありません。そのほうが人間らしくていいんじゃないかと思います。ただ、その感情にとらわれすぎると、視点をずらしにくくなります。理性よりも感情が優先になっていて、視野が狭くなるからです。

その場合、**感情をいったん切り離して考えることが大事です。私は「感情の因数分解」と呼んでいます。**

どういう意味かといえば、視点をずらす前に、「うれしい、悲しい、腹立たしい……」といった心の中にある感情をすべていったん吐(は)き出してみて、今、自分がどの感情に突き動かされているのかを分析してみるのです。

ある知り合いが「本を出して、とにかく売りたいんです」と相談しに来たことがありました。

私は「それならば、「本の間に1万円札を挟んだら、もうベストセラー間違いなしですよ」と言ったことがあります。

何でもいいからとにかく本が売れればいいのであれば、確実にそれを満たす提案だからです。もっとも、その人は笑ってはくれましたが、その話をそれ以上深めようとはしませんでした。冗談だと思ったのかもしれません。

もちろん、本にお金を挟むのは制度上できないでしょう。しかし、本をたくさん売りたいというのが本音なら、1万円を挟むのが無理でもお金の代わりに何らかのクーポンをつけると売りやすいとか、1万円を挟むのがダメなら定価を1円にして売るとか、実現可能かどうかは別としていろいろなアイデアが出てくるでしょう。あるいは、自分で何万部か買い取ってしまえば、すぐにベストセラーのランキングに入ります。

実際に買い取るケースはあるようです。

しかし、そうした話には発展しませんでした。おそらくその人は「本を売りたい」というのが本音ではなかったのです。

感情を因数分解してみると、本が売れて「有名になりたい」のか、「本を売って儲けたい」のか、はたまた「本を出して世の中の人を助けたり幸せにしたりしたい」のかなど、自分の本当の欲望があるから、本を出して売りたいと考えているのだと気づきます。

「本を出したい（売りたい）」という感情の因数分解をすると、

↓**有名になりたい**

↓**自分の存在感を示したい**

↓**世の中の人を助けたい、幸せにしたい**

↓**共感されたい**

などと、分析してみて「有名になりたい」という気持ちに支配されているのだと気づいたのなら、

結果→本にこだわらず、別の方法でもいいのではないか……。

という視点のずらし方ができるでしょう。

10万部を超えるベストセラーは、年間に出るすべての本のなかで1％未満と言われています。なかなかに狭き門ですね。無理をして、その狭いところを通ろうとしなくても、違う方法に視点をずらせば、自分の願いをかなえられる可能性はありそうです。

感情を因数分解してみて本当に自分が望んでいることが明確になる。これって、言い換えれば**「欲望」**ということです。

自分の欲望が明確になった時点で、ある意味視点はずらせています。世の中の多くの人は、自分の欲望が何なのかハッキリと気づけずに、**建前と欲望の間で振り回されていることが多い**ものです。それと比べて、自分の本心に気づいて、そのための行動を取れるということは、並みの人間とはひと味違う人間になれているということだと

思います。

しかし、ただ自分の本心に気づいただけでは、欲望は満たせません。

欲望をかなえるためにもう一段、視点を変えることが必要です。


例えば、年収300万円くらいしかなく、お金持ちのパートナーもいなければ、実家も金持ちじゃないのに、どうしても六本木あたりの都心の超高級タワーマンションに住みたい人がいたとします。いわゆる「億ション」です。

どうしても住みたい。でも億なんか払えるわけがない。ならば自分の正直な感情（欲望）はあきらめざるを得ないのか。

普通に考えれば住むことはかないません。でも、違う視点から考えてみるのです。

例えば**「時間」に関する視点をずらしてみます**。

ずっと住むなら億のお金が必要です。けど3日だけ住むとしたらどうでしょうか。

たとえば、1000万円の貯金があれば、それを下ろして億ションを管理する不動産業者に「すみません、1000万円しかないのですが、これで何日かタワマンに住まわせてくれませんか」と交渉してみる。あるいはタワマンの部屋をすでに持っている人と交渉して、**3日だけ貸してもらう方向で話がつくのであれば、100万円以内で済む**かもしれません。

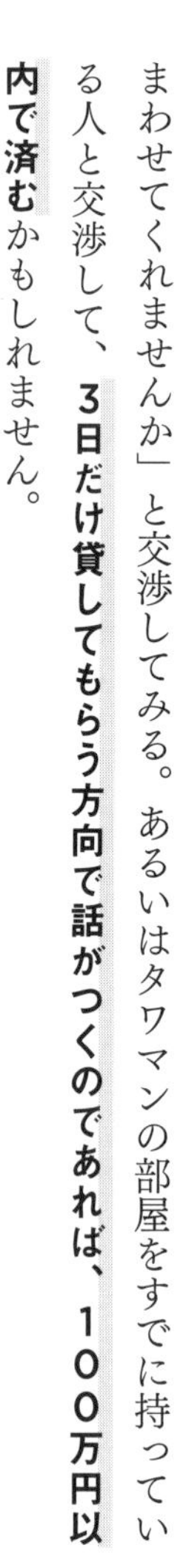

「いくらなんでも3日しか住まないのはバカすぎる」と言われるかもしれませんが、あなたが望んでいたものが「とりあえず住む」「そこからの景色を飽きるほど眺める」ということであれば、3日もあれば十分かもしれません。

その気分を100万円で味わえるのだったら、まったくアリだと思うのです。

感情を掘り下げていって、最終的に自分が何をしたいか、その「目的」を鮮明にしていく、これが感情の因数分解です。

「相手目線」になるために必要な具体的な行動とは？

通常、人間は自分中心で物事を考えます。当たり前ですよね。自分のための人生ですから、どうすれば自分が心地よいか、自分が得をするのか、自分中心で発想するのが人として自然なあり方です。

ただし、**自分中心の発想だけだと、仕事でもプライベートでもなかなか上手くいかない**のは、みなさんも経験があるんじゃないでしょうか。

例えば、バイヤーにAという商品を売り込もうとします。通常は、バイヤーに理解してもらえるよう、また商品がいかにいいものであるか、特徴的な部分を説明していきます。

ひと通り説明を終えた後、バイヤーからこう質問されたらどうしますか。

「あなたがバイヤーの立場なら、御社のこの商品はどう思う？」と。

この質問で頭が真っ白になってしまうのであれば、あなたはまだ視点を変えることができていません。なんとかその場を取りつくろおうと、しどろもどろになりながら「とにかくお客さまに喜んでもらえる商品です」などと言えば、バイヤーからすれば何とも頼りない意見に聞こえてしまいます。

このままでは、商談は失敗するでしょう。

なぜなら、**「視点」が一方通行だから**です。売り込もうとする気持ちが焦るあまり、**自分の言いたいことだけを言って、相手が聞きたいことを説明できていません**。それをバイヤーに見透かされているから、「あなただったらどうする？」という質問を逆にされてしまうわけです。仕事のできる人であれば、自然に相手の立場に立って、視点をずらして話ができます。

もっとも今のあなたが、すぐに視点を変えられないからと言って、落ち込む必要はありません。あなたがビジネスパーソンとしてダメダメな訳ではありません。

先ほども言ったように、そもそも人間は意識しないかぎり、自分中心の視点でものを考えがちなのです。これを**心理学では「自己中心性バイアス」**と言います。

特に子どものうちは、誰しも自己中心性バイアスが強いのですが、大人になるにつれて徐々に相手の気持ちを考えられるようになります。しかし、ビジネスシーンで「売らなくては」というプレッシャーの掛かる場面だと、心の余裕をなくして視点が自分中心に傾いてしまうのでしょう。

自己中心性バイアスにならないためには、意識して視点を増やす思考法を身につけることが大事です。

ただ、まずみなさんに知ってほしいのは、相手視点になるためのテクニカルな話よりも、もっと大事なことがあると思っているんです。それは、相手のことを真剣に考えることです。**真剣になれば、自然と相手の立場に立てるものです。**

「言われなくても、私はいつも仕事相手やお客さんのことを真剣に考えていますよ」

あなたは、そう言うかもしれません。

それが本当なら、あなたは常に上手くいっているはずです。それならば、この本も必要ないでしょう。

けど、なかなか上手くいかずに、何かしらのヒントを求めているのではないでしょうか。

相手のことを真剣に考えた時、具体的に取るべき行動は何か。**どうすれば無理なく**

相手の視点に立てるのか。
そのために必要なのが「準備」です。

東京の麻布台ヒルズがオープンした当日に、大事な仕事の関係者と打ち合わせの後、そこで食事でもしようと、みんなを誘ったことがありました。

全員で6人いましたが、そのなかの1人が「初日だからどこもいっぱいですよ」と、状況を知らせてくれました。

ブラブラとヒルズ内を歩いていましたが、実際に多くの人だかりでレストランはどこも長蛇(ちょうだ)の列。そこで私が一番人気のある店にふらっと入って行きました。並んでいる人を見ると20組以上はいたでしょうか。

「野呂さん、めっちゃ並んでますよ」と誰かが言うのもかまわず受付に行くと、店のスタッフがひと言。「あっ、野呂様、お席をお取りしております」と。そこで初めて一緒に行った人たちは「なんだ、野呂さん、席取ってあるんじゃないですか！」と驚いています。

そこで種明かし。「当たり前じゃないですか。（お客が押し寄せる）1日目なんだから」と。

これって、最初から「いい店、予約しています」と言ってしまえば、当たり前の期待しかされません。だから、期待されないように努力して準備を怠らないようにするのです。

麻布台ヒルズ開業の1日目ですから、**実を言うと1カ月以上前から仕込んでいます**。こうした**「相手をどう喜ばせるか、驚かせるか」という視点**で準備をしておけば、さりげない演出がギャップを生んで、他の人とは違う自分を相手に印象づけることができるのです。

私はいつも準備していないように振る舞いながらも、さまざま準備をしています。そうすることで、自然と**「相手の人が喜びそうなこと」**が頭に浮かんでくるようになります。すでに、視点が相手に切り替わっているのです。

単なる心掛けでは、なかなか視点は変わらないものです。**具体的な行動に落とし込めば、いやでも視点が変わります。**

ビジネスシーンでは、視点をずらして、相手から感心してもらえたら信頼感も増します。ましてや、これからもつき合っていくだろう人に、「この人のやることは他の人と違っていて参考になる」「なかなか切れ味のいい言葉が返ってくるので信頼できる」と思ってもらえれば、毎回指名を受けて呼ばれるようになるかもしれません。

ただし、相手視点になるにしても、準備をしっかりするにしても、「ちょっとしんどくない？」と思った人もいるかもしれません。そうです、先ほどお話ししたように、人間は生まれつき自分中心に考えて行動するのが自然な生き物です。ですから、相手の立場に立つというのは「言うは易し行うは難し」の代表みたいなもので、結構大変です。

いろんなビジネス書に「相手の立場に立とう」ということは書かれていると思いますが、実際にできている人は少ないものです。しんどいだけに、**ただ意識するだけでは、気がつけば自分本位の視点に戻っている**こともしばしばあります。

私は、クライアントさんとつき合う時には、**もう一歩視点を変えて「仕える」という意識で仕事をするようにしています**。

私はクライアントさんとのつき合いでも、できるだけ楽しむようにしていますが、メインは相手に楽しんでもらうということで、自分が楽しむかどうかは二の次です。となると、打ち合わせでも、会食でも、ゴルフでも、時にはつらいこともあります。だからといって「何でこんなことやらなきゃいけないんだ」「早く終わらないかな」という気持ちで行動していたら、自分自身がしんどいですし、学びにもつながりません。

そこで私は、視点を変えています。**自分を「サムライ」だと思うようにした**のです。

現代のビジネスパーソンだと、クライアントのために行動することは「利益のために仕方なくやらなくてはいけないこと」です。しかし、武士にとって殿さまに仕えることは、生まれてきた時から当たり前のようにやることで、いわば生き方ですから、無理とかしんどいとか、そういう発想がそもそもないと思います。

そしてクライアントは「殿」です。主君に仕える武士として、どうすれば自分の役目をまっとうできるか考えるようにしています。クライアントだけではなく、上司にも同じ気持ちで仕えていれば、しんどい気持ちもかなり減るのではないでしょうか。

それもまた、視点を変えた仕事術です。この「仕える」ノウハウについては、第5章であらためて詳しくお話しします。

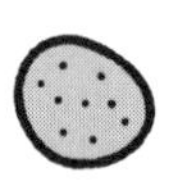

頭のいい人は「手段」よりも「目的」を意識する

「もし顧客に、彼らの望むものを聞いていたら、彼らは『もっと速い馬が欲しい』と答えていただろう」

世界的自動車メーカーのフォード社の創業者、ヘンリー・フォードの有名な言葉です。

フォードは、まだ自動車という存在が世に知られておらず、主な交通手段が馬車だった時代に自動車を普及させた第一人者です。彼が成功したのは、顧客のニーズに素直に対応したからではありません。**ニーズの一歩先を見据えて「本当に欲しいもの」は何か**を真剣に考えた結果、速い馬車を作るのではなく、自動車を提供するという答えを導き出したのでした。見事な視点の変え方だと思います。

つまり、人々は馬車が欲しいのではなく、「素早く移動したい」ということ。その本質的なニーズに気づいたのです。

人と違う意見を言うもっともシンプルな方法、それは**「本質」を語る**ことです。

なぜなら、凡庸な意見しか出せない人ほど「目先」にとらわれて、本質ではなく手段にとらわれるからです。

例えば、会社でよく話される「売り上げをどう伸ばすか？」という議題は、普通に考えれば「どうすれば儲かるのか？」という方法、マーケティングの意見を言うことです。

しかし、**「商品を売る」ということの本質は何でしょうか**。

儲けること、という答えは当たり前すぎます。もちろん企業ですから利益が大事なのは当然ですが、もっと大事なことがあるはずです。わざわざ、特定の商材やサービスでビジネスをしているのであれば、その商品を取り扱う本質的な理由があるはずです。

つまり、**「売り上げを上げたら、世の中はどう変わるのか」、言い換えれば、「この商品で、世の中をどう変えたいのか？」**が本質ということなのです。

私は日常的に、企業のブランディングや商品企画、マーケティング（販促、ＰＲ）など、いわゆるコンサル的な立場で話をしたり会議に出たりもしています。

そういった関連の仕事で先日、ある健康水を売っているクライアントの社長とＰＲについて話をする機会がありました。その社長は私に、「商品をＰＲするためにテレビに出したいんです」と言ってきました。

普通なら、どんな番組なら紹介できるか、情報番組なのか、バラエティーの小道具

表面的な目的の先に「本質」が隠れている

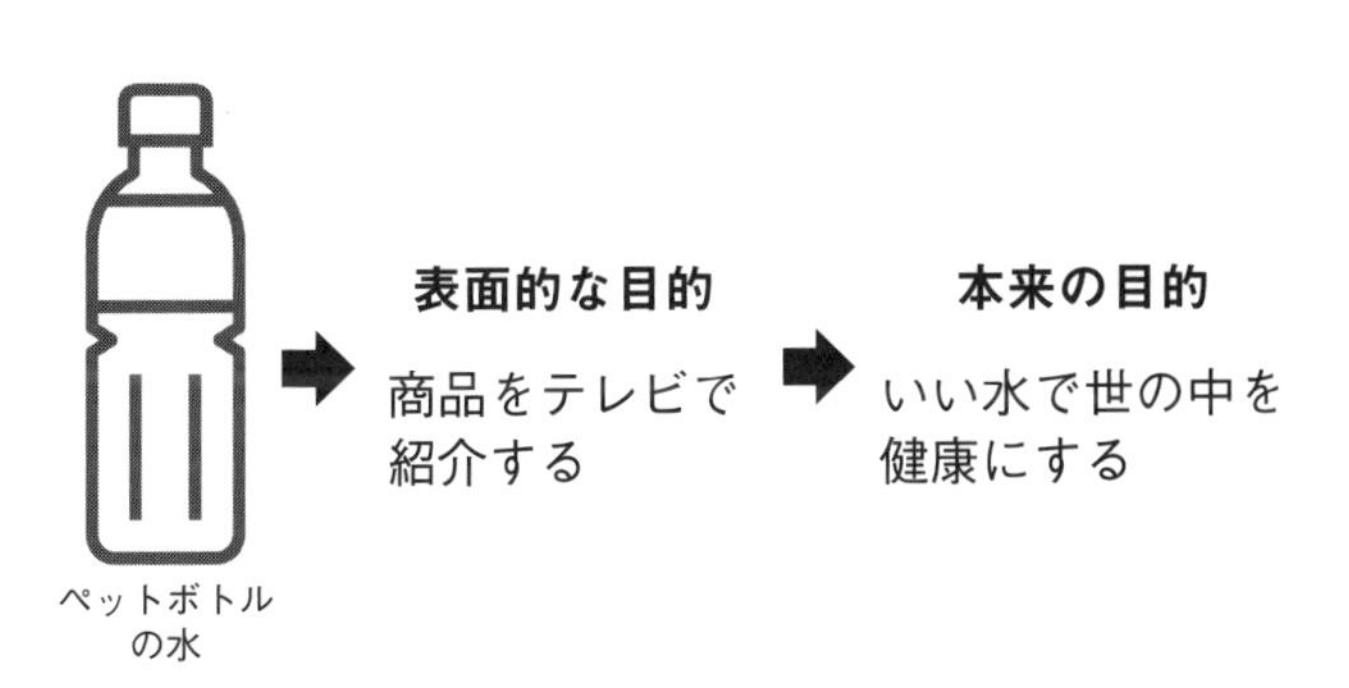

としてタレントに飲んでもらうのかなど、当たり前の範囲で意見を言います。

でも、この程度であれば、コンサルタントなら誰でも言います。私でなくてもできる話です。

私は、**健康水を「何のために」PRするのかという目的に着目して、視点を変えて切り込んでいきます**。

私はその社長にこう言いました。

「これ、何本売れればいいんですか？売って何か変わることってあります？」

すると、社長は少し考えてから「この水を飲むと、本当に健康になるんですよ」と答えました。

「つまり社長は、世の中を健康にしたいんですよね？」
「そうなんですよ。実はこの水は体にいい軟水を使っていて……」
「なるほど分かりました。それならば世の中の人を健康にしたいという社長のイメージを作りましょう。社長が世に出て有名になって、なぜこの健康水を売るようになったのか語ると、それに共感する人が出てきて買って飲んでくれますよ。この水を飲むたびに社長の顔を思い出しながらね」

たしかに、社長は私に「この水をテレビに出したい」と言いましたが、「テレビに出す」ことは目的ではなかったのです。**テレビの先には、「世の中の人が健康になってほしい」という真の目的**があり、社長自身にその未来を想像してもらったのです。

テレビで取り上げてほしい、そうすれば売り上げがアップするという表面的なニーズに対して、ニーズのその先に視点を変えることで、相手の満足度を上げることができます。また、真の目的をかなえるためには、テレビ以外の効果的な手段も考えられるかもしれません。

テレビと依頼されたからテレビという単純な話ではなく、相手の目的をかなえる方法は何かという方向に視点を変えることができます。

実際にその社長は、「ＰＲって、そういうことなんですね」と感心しきりでした。

ニーズの先を考えて意見を言うことは、実はそれほど難しいことではありません。

多くの人は目の前のことに追われてしまいがちですが、ニーズの先とは**「遠くのことを言う」という意識で考えればいい**だけです。

例えば、コロナが収束してきて、ある番組の会議で動物特集をやりましょうという話が出ました。

すると、「かわいい動物をいっぱい集めましょう」とか、インパクトを狙(ねら)って「カエルやヘビなどの爬虫類(はちゅうるい)の映像はどうですか」という流れになってきました。

しかし、そうした意見には「動物を出せば視聴率が取れるのではないか」という浅はかな思惑は見えるものの、**今の時代になぜ動物を出すと視聴者が喜ぶのか、何のために動物を出すのかという「目的」が欠落していました。**

そこで私は、「そうではなくて、僕らがやろうとするのは、コロナが終わって、みんなコロナの時に閉塞感があって、やっぱり癒しが欲しい。そのための動物なんだよ」と言ったのです。

周囲からは「動物の企画をやると視聴率が取れるという単純な話ではなくて、視聴者に癒しを与えようとしている」と思ってもらえたわけです。

すると、「やっぱりネコは視聴率も取れますよね」と言う人が出てきます。そこに私は、その先の視聴者のニーズを加えました。

「ネコならいいというわけじゃない。毛がフサフサした動物をなでると気持ちがいいでしょ。癒しを想起させるような映像が必要。視聴者もテレビの前で、ソファーやクッションをなでながら、ネコをなでている気分を味わうような映像がいいんだよ」

こう言うだけで、「野呂さん、いい意見を言ったな」と思われるし、採用率も上がり、周囲から一目置かれるようになるのです。

多くの人は「売り上げを上げるためには」「新企画があるか」など意見を求められると、そこだけに頭がいってしまいます。直接言われた内容にとらわれて、視点がずらせなくなるのです。

「そもそも何のためなのか」ということを考えると、視点を変えやすくなります。「売り上げを上げるとは、世の中にどう貢献できるのか」「この新企画で世の中をどう変えたいのか」など、ニーズの先にあるものを意見に織り交ぜていくと、人とは違う存在に見られるようになれます。

では、どうすれば、ニーズの先を読めるのか。

それは**「ゴールは何か」を見据える**ことです。先ほどの「水」の話でもそうでしたが、**人は時として手段をゴールであるかのように言います。**

結構「何をするか」を説明しても、「何のために」を説明しない人は多いものです。

気をつけなくてはいけないのは、それを2段階ではなく、3段階、4段階先まで見据えてゴールを明確化することです。

例えば、商品の販促をしたい時に、何のためにと聞けば「会社の売り上げのため」と答えることが多いかもしれません。しかし、それはゴールではないでしょう。もちろん会社である以上、売り上げを気にするのは当たり前ですが、その商品が「本当にいいものだから」売りたいと思っているはずです。もし、悪いものを売りつけてお金儲けをしようとしているのであれば、詐欺ですから手を引いたほうがいいでしょう。

当たり前の答えの先にある「想い」にまで考える軸をずらせれば、人とは違う意見が言えます。

「売り上げ」で止まっていたら普通の人です。ぜひ、そこから抜け出してください。

第3章

普段から「コレ」をやれば視点を変えられる

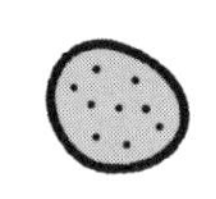

「ＪＫ向けの企画を考えてください」と言われたらどうする？

「ＪＫ（女子高生）向けの販促企画を考えてください」

こんな依頼をされたら、困りますか？　あなたがＪＫに近い年代の女性であれば、さほど苦もないかもしれませんが、それ以外の人は途方に暮れるんじゃないでしょうか。

なぜなら、ＪＫの間で何が流行っているのか、何が好きで何が嫌いなのか。そういった情報をほとんど持っていないからです。

情報がなければ考えようがありません。ありきたりではない、新しい視点の企画を求められたのであれば、なおさら情報が必要です。

また、あなたが新しいカフェを開店しようと思ったら、やはり情報が必要ですよね。今、流行りのカフェとはどんなものなのか、どのようなメニューが受けているのか、集客にどんな手段を使っているのか。それが分かれば、自分なりの視点を打ち出せます。

素直に流行りをマネてもいいですし、流行りに少しだけオリジナルを足してもいい、あるいは「逆張り」でまったく違うコンセプトを出してもいい。

いずれにせよ、**まず前提としてカフェに関する知識がないと、どうしようもありません。**

つまり、人と違う視点を持つためにもっとも基本的なことは**「情報のインプットを増やす」**ことです。

インプットがないと
何も思い浮かばない

普段の生活のなかでも、インプットが増えたほうが視点は変えられますよね。会社の人とランチに行く時も、いつも同じ店にばかり行っていませんか。

インド料理を知らなければ「今度の土曜日、インド料理を食べに行く?」とはなりませんし、知っていれば「この前、『王様のブランチ』で紹介されていたインド料理屋に行く?」なんて展開もあり得ます。

インプットは、いいアイデアを出すための前提条件です。

例えば、あなたが自分の部署の経費節減に意見を求められたとしましょう。

特に知識もないまま、とりあえず考えてみたところでそんなにいいアイデアは出ないと思いますよ。

せいぜい、「トイレの電気は必ず消そう」とか「カラーコピーは1日10枚まで」とか、さして目新しくもなく、前向きでもない意見しか出ないかもしれません。

そこで、常日頃インプットを心掛けて幅広い知識を持っていれば、その分、目のつけどころが増えます。

以前、見聞きした他社の成功事例を知っていれば、それを参考にすることもできます。実際に、書類を電子化することで紙代を大幅に減らしたり、業務の「見える化」を進めることで教育コストを減らすといった成功事例はあります。

あるいは、最近のビジネストレンドを参考にして「いっそＡＩに経費節減策を考えてもらったら面白い意見が出るかも」とか、視点を変える際に幅が広がるわけです。ビジネス誌を読んでいたり、ビジネス関係のテレビ番組やユーチューブ動画を見ていれば、そうした感度は高くなるでしょう。

もちろん、何か課題があればそのつど自分なりに調べて、それなりの答えを出すことはできます。ただし、お題が出てから調べるとなると、使える時間と労力には限界があります。せいぜい**仕事の合間に数時間程度調べて、やっとこさ付け焼刃の答えを出す**といった感じになりがちです。

普段からインプットを心掛けて、情報のストック、情報の引き出しを増やすことをお勧めします。視点を変える際にも、インプットが多いほうがかなり有利です。

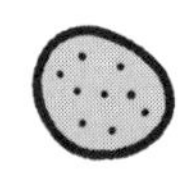

仕事のできる人は、情報に対して「ケチ」である

インプットの重要性については、ホリエモンこと堀江貴文さんも著書『本音で生きる』（ＳＢクリエイティブ）のなかで次のように語っています。

「自分の意見をうまくアウトプットできないと悩む人もいるが、それはたんにインプットしている情報が足りていないだけだ。**インプットの量とスピードを増やせば、自然とアウトプットの量やスピードも増え、自分なりの考察が自然と湧き出てくるようになる。**頭を使うべきは、自分の考察をどうひねり出すかではなく、インプットの量とスピードをいかにして向上させるかなのだ」

「毎日脳にインプットする情報量が、しきい値（境界となる値）を超えると、脳の中で情報のネットワークが生まれて、なんらかのアウトプットを発するようになっているのかもしれない」

インプットを増やせば、仕事でもプライベートでも何か課題に直面した際に、**「どうすれば解決できるだろう」**と思案をめぐらせるうちに、自然と頭の中の「情報の引き出し」から必要な知識が引き出されてきます。

インプットの蓄積が多ければ多いほど、たくさんの知識のなかから、もっとも適切なものが選べますし、いくつかの方法を組み合わせることもできます。

ただ、こんな話をすると「お勉強しろということですか？」というふうに思う人もいるかもしれません。途端にげんなりしてしまう人が続出しそうです。

忙しい中で、勉強する時間を捻出するのが大変なら、**普段の生活の中で得られる情報に「ケチ」になればいい**のです。別にセミナーに出掛けなくても、ビジネスに役に立つ情報はいくらでも手に入ります。

例えば、コンビニやスーパーでお菓子コーナーに行った時、最近人気のスナック菓子が並んでいますよね。それを見て、どう思いますか？

「別に、何とも」思わない人がほとんどだと思います。

私は少し違った見方をしています。スナック菓子のネーミングをよく見てみると、「『ぞっこん』とか『神』とか、今まで使われなかったワードが使われ始めてインパクトがあるな」「『サクサク』とかありがちな言葉はもう使われていないんだな」ということに気づきます。これも、情報収集の1つです。

日常の生活の中で「疑問」を持つことが大事

違う棚に目を向ければ「いつの間にか、グミの種類がこんなに増えている。なぜ、グミがこんなに人気なんだろう」と疑問に思ったりもします。家に帰ってから調べてみることもあります。

なぜ、私がそんなことをするのかと言えば、自分のビジネスの役に立つからです。

今のトレンド感も分かりますし、**どんな言葉が消費者に受けているのかということが分かればPRの材料にもなります**。

普段の生活の導線のなかに、「学び」はいっぱいあると思います。なぜ、スナック菓子にこんな名前がついているのか、疑問を持って少ない時間を有効に活用する「ケチ」さを身につければ、情報はいくらでも手に入ります。

私の持論ですが、少しくらい「ケチ」な精神を持っている人のほうが、仕事ができるようです。

ここでいう**「ケチ」とは、お金の話ではありません。むしろ「時間」「情報」に対するケチ度が高い**のです。今でいうところの、タイパ、コスパにも通じる話です。ケチだと、効率がいいこともそうですが、「視点をずらす」能力もアップします。

私は、芸能界の情報ケチ人の代表がタモリさんだと思います。彼はとにかく調べるのが好きな人で、そのマニアックさから『ブラタモリ』のような番組ができてしまいます。

番組ではその道の専門家が登場しますが、彼らが驚くほどタモリさんが歴史や地理に詳しかったりします。もともとタモリさんが好きなジャンルなので苦にならないのでしょう。しかも、スタッフがサプライズ的なものを用意しても、もの知りすぎてサプライズにならないのだとか。

いっぽうで、『ミュージックステーション』の司会では、アイドルグループなどと会話ができます。これは『笑っていいとも！』でさまざまなゲストと話をしてきた経験値がものを言うということもありますが、やはり人が好きなのだと思います。相手のことを事前に調べていて、相手の話題についていけるのです。

誰にでもズバッと切り込んだ話ができる。それは情報に貪欲（どんよく）だからです。

私は今まで、**優れた経営者の方に何人もお会いしてきましたが、どの人も情報に貪欲**です。

例えば、新聞ひとつ読んでも、ただ最新のニュースを得るというだけでなく、**その情報に1000万円の価値があるか、1000万円の価値があるかという視点**で真剣に読みます。新聞でもネットニュースでも、暇つぶしで見ていないのです。

ケチだからこそ、すべてをムダにしない。パッと見かけた情報も深掘りすることを続けていけば、その分野では周りの中で誰よりも詳しくなります。すでに人とは一線を画す存在です。つまり、「○○のことだったら、あいつに訊け」と一目置かれる人になれます。

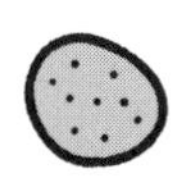

知識は「楽しみながら」覚えたほうが身につく

自分の仕事に直結する情報は心掛けてインプットしている人も多いでしょう。でも、私の言うインプットとは、もっと幅広く**「こんな情報って、仕事に役に立つの？」**といったものまでアンテナを張りめぐらせておくということです。

私は企業のＰＲをサポートする仕事をしています。対象の業種は問わず、常に3

社以上とつき合いがあります。何なら、もっと幅広く仕事をしたいと思っています。そのため、いつもビジネスチャンスを狙って幅広く情報収集を心掛けている、という側面もあります。

もし、この本をお読みの方で、特定の業種でしか仕事をする予定がない、特定の業種の人たちとしかつき合いがないということであれば、その業種に関連する深い知識を得るというやり方もあると思います。

ただし、**いわゆる「業界バカ」になることはお勧めしません**。

とにかく多種多様な知識を持つことが、あなたの本業の手助けになるということもあり得ます。

アップルの創業者、スティーブ・ジョブズ氏にこんな逸話があります。

彼もインプットの重要性を深く認識していた1人です。

「Connecting the dots」という言葉をご存じでしょうか。ジョブズ氏が、2005年にアメリカ・スタンフォード大学の卒業式において、卒業生に向けて語ったメッセージの一節です。

「点と点をつなぐ」という意味で、大まかに要約すれば「**インプットした知識（点）が何の役に立つかは、すぐには分からない。後になって振り返ると、点と点がつながって結果につながっていることが分かる。**今インプットしたことが将来役に立つと信じて実践していれば、それはいずれ他の人との大きな差になる」という趣旨の話です。

実際に、ジョブズ氏にこんなエピソードがあります。

学生時代にキャンパスのポスターでたまたま見かけたカリグラフ（造形文字）に魅せられました。そして、芸術性の高い美しいカリグラフを自発的にどんどん学んでいったのです。何かの役に立てようと考えていた訳ではありませんでした。ただ、興味があるからやっていただけです。

そして月日は流れて10年後、アップルを起業したジョブズ氏が、マッキントッシュのフォントを考える時、ふとカリグラフを学んでいた当時のことを思い出しました。マッキントッシュ以前のコンピューターのフォントは無機質な書体で、読めればいいというものにすぎませんでした。
ジョブズ氏が作り出したのは、カリグラフの知識を活かした、これまでにない美しいフォントでした。今、私たちがコンピューター上で使っている多種多様なフォントのベースは、この時にできたのです。

あなたも、インプットを増やそうと思ったら、本業以外の情報を無理に仕事に結びつけるというより、**自分が面白いと思うもの、興味を持てそうなものから始めてみるといい**でしょう。
私が普段、インプットに活用しているのは**「dマガジン」**です。別に私が彼らからお金をもらっているわけではないですが、「dマガジン」は雑誌1400冊以上が月額580円で読み放題のサイトで、この値段であらゆる情報が手に入れられる、かなりというか恐ろしいほど格安の情報サイトなのです。

ビジネス誌のみならず、趣味でもないのに釣り雑誌や自転車雑誌、実生活では関係のない「たまごクラブ」や「ひよこクラブ」、あとはやらないのにほとんどのスポーツ誌、賭け事はしないのにギャンブル誌までも読んでいます。

「へぇ、このジャンルではこんなのが話題になっているんだ」という感じで、結構楽しんでいるのでストレスもたまりません。

どうして、**一見すると無意味なものまでインプットしているかというと、どんな人にでも話を合わせることができ、ビジネスの幅も広がる**からです。一応、知識としてインプットされていますから「野呂さん、なんでそんなことまで知っているの？」と驚かれます。


幅広い知識があれば、あらゆることが仕事につながる可能性もあります。実際に、あるクライアントから生理用品の販促の相談がきたことがあったのですが、「たまごクラブ」とかを読んでいますから、「そうなんですよね」などと話を合わせられます。

もちろん、細かいところまでちゃんと覚えているわけではありませんが、情報を軽くインプットしているだけで「野呂さんって、女性のヘルスケアについても詳しいんですね」と、打ち合わせはとんとん拍子に進みます。

最近、知り合いの社長さんたちからゴルフに誘われる機会が増えて、実際にゴルフを始めました。この時も事前にルールやマナーだけは知っていましたし、ゴルフをやりながら、ゴルフ場やゴルフクラブに関する仕事もお願いされるようになりました。

さまざまなものをインプットしていくだけでも、いつの間にか「周囲とは違う考えや物の見方ができる人」と周りが勝手に認識してくれます。そんな人は黙っていても誰かが引き上げてくれて、それが結果的に出世したり、人から尊敬されたり、あなたにとっていい方向につながっていきます。

ただし、「今までにない新しい視点」を発見するには、インプットを増やすだけでなく、もうひと工夫が必要です。

インプットで分かる範囲は、すでに世の中に出回っている情報だけなので、**オリジナリティーを出すには「思考の技（テクニック）」を覚えるといい**でしょう。それについては後の章でお話しします。

それでも、知っていることが少ないと視点を変えにくく、知っていることが多いと視点を変えやすいのは事実です。

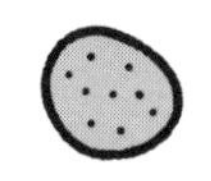

年収1000万円超の人の9割は新聞を読んでいる

情報のインプットとして、先ほど「dマガジン」をご紹介しましたが、ビジネスパーソンであれば、**新聞は便利なアイテム**です。新聞は速報性重視のメディアなので、時代の空気やトレンドをダイレクトに反映します。その特性を踏まえたうえで、インプットを増やすといいでしょう。

私は新聞をそれこそ隅々まで読みます。先ほどもお話ししましたが、私は情報に関しては「ドケチ」なので元を取れるようにしっかり読みます。時間もないので、新聞も本も1回しか読まずに、必要な情報だけをインプットします。ここだけは重要だと思ったところは、線を引いて写メに残したりしています。

ただし、こんな話をすると、

「今時、新聞なんてオールドメディアじゃないですか」

「私の周りで、新聞を取っている人なんてほとんどいませんよ」

こんな声が聞こえてきそうです。

しかし、新聞にはSNSやネットニュースにはない良さもあります。

例えるなら**「バランスの取れた栄養満点の食事」**です。新聞は、政治、経済、社会、文化など幅広い情報を一度にチェックできます。情報は精査されて、信頼性もありますから、管理栄養士に作ってもらった料理のようなものです。

最近は、SNSやネットニュースだけで情報を得る人が多いようです。それでも情報は入ってきますが、どうしても自分好みの情報に偏ってしまいますし、刺激的な情報にばかり目が向くようになってしまいがちです。いわば、甘いお菓子や、脂こってりのラーメンばかり食べているようなものです。

たしかに美味しいのですが、そればかりだと栄養が偏りますよね。情報の摂取に関しても似たようなことが言えると思います。

最近は新聞を読む人は減っています。しかし、いっぽうで**年収1000万円を超える人の92パーセントが新聞を購読しているという調査結果**もあります。

年収1400万円を超える現役メガバンク行員で、著書『雑用は上司の隣でやりなさい　あなたの評価を最大限に高める「コスパ最強」仕事術』（ダイヤモンド社）がヒットしているブロガーのたこすさんがダイヤモンド・オンラインの記事で語ったところによると、メガバンクでは日経新聞を読むことが出世の条件になっているようです。

仕事のできる人の間では「日経新聞に何が書かれていたのか」が共通の話題になっているので、円滑なコミュニケーションを取るためには欠かせないのです。

こうした話は、メガバンクに限ったことではないでしょう。**高収入のビジネスパーソンであれば、ほとんどが日経新聞を読んでいる**と思っていいでしょうし、その情報の信頼性は抜群です。

ネットやSNSと新聞の大きな違いは、有料なのか、無料なのかということです。どちらの情報が信頼できるでしょうか、クオリティが高いのはどちらでしょうか。

最近は、新聞を読まない人が増えているのは事実です。ただし、**周囲と同じことをしていては、同じような結果しか出せません**。情報収集をする際も、視点を変えて人とは違う方法で行えば、他の人よりもワンランク上の結果が残せます。

私は新聞から、**流行っている出来事やこれからのイベントなどをインプット**します。例えば、最近は少子化の問題が頻繁に取り上げられています。あなたは、そこからどんなビジネスの芽を見つけられますか。

子どもの数が減っているのが問題なら「増やす」ことが大事ですよね。となると、婚活関連の会社などはこれから盛り上がるかもしれません。

私はPRが仕事ですので、どうすれば婚活関連のクライアント企業の認知度が高まるか、提案しに行くことができます。あなたの会社の業種に合わせて、いろんなやり方がありますよね。婚活会場の提案に行ってもいいですし、婚活メニューを考えてもいいでしょうし、あなたの会社がＩＴ系であれば、婚活アプリで協業もできそうです。

生まれてきた子どもにお金を掛けるであろうという見立てで考えてみれば、ベビーシッターの会社や家事代行の会社なんかも、今後伸びるかもしれません。

テレビマン目線でいえば、情報番組の構成を考えるのであれば取材対象にもなりやすい。「子どもの日」に合わせて、少子化を絡めて塾を取材するとか、１つのネタからいくらでも広げられます。

また、日本はジェンダーギャップのランキングが世界のなかでも低いほうというニュースをＰＲ視点で捉え直せば、じゃあ女性の経営者であればメディアに取り上げられやすいとか、いくらでも視点を広げて考えられます。

何も、特別なネタでなくてもいいのです。

最近は円安関連の記事が増えています。この場合、円安から順番に連想ゲームをしていけばいいのです。

「円安→燃料費の高騰→光熱費が高くなる→家計を圧迫」と考えれば、高断熱の建材関連の会社が注目を浴びそうとか、太陽電池の会社ならアリだなという見当がつきます。「電気代が上がらない家」があるというテーマなら取材されやすいでしょう。

ちなみに、最近は紙の新聞を取っていない方のほうが多いでしょうから、**新聞各社が出しているウェブ版でもかまいません。日経電子版はその代表です。**

あるいは、どうしても新聞が嫌だという方は、せめてヤフーニュースやＬＩＮＥニュースで世の中の動きを幅広くチェックする、というところまではやっておいたほうがいいですよ。

トップニュースだけでなく「経済」「エンタメ」「スポーツ」といった各ジャンルのニュースまで、意識して手を広げて読めば、かなりの情報量を得られます。

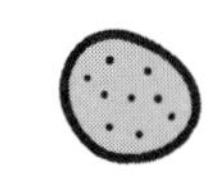

お笑い芸人の話が面白いのは「視点をずらす」から

お笑い漫才コンビ・ナイツの有名なネタに「インターネットのヤホーで調べてきました」というセリフがあります。「ヤホーじゃなくてヤフーだろ！」とツッコミを入れたくなりますよね。英語表記の「Ｙａｈｏｏ」をローマ字読みすると、たしかに「ヤホー」とも読めます。

まずは、ヤフーとくると予想しているところをヤホーにするという外しをするわけです。なぜ人は笑うのかということをざっくり説明するなら、「予想と違う」ことを言うからです。

ナイツの場合、その外しはデタラメなことを言うのではなく、みんなが「なるほど」と納得するようなことを言うから笑いが生まれるわけです。

芸人さんはみな、この予想の外し方が絶妙です。見ていて本当に頭がいいなと感心します。

つまり、**視点を変えたことを言うプロ**なのです。

私はお笑いの動画をよく観ます。そもそも、お笑いが好きだということもありますが、何といってもお笑いのネタは「視点を変える」ために、勉強になる要素がたくさん含まれているのです。

ナイツのネタから学べることは、**「わざと間違えてみる」という視点のずらし方**。

世界的に有名な**「Google」という社名も、言い間違いから生まれたということを知っていましたか？**

もともとは、googol（グーゴル）という名前になる予定で、「10の100乗」「膨大な数字を組織化できるように」という思いが込められていたそうです。しかし、登録時の綴りミスで「google」になったとのこと。

私は、どちらかといえば、「グーグル」のほうが言いやすくて語呂がいいと思います。もし、グーゴルのままだったらどうなっていたのかは分かりませんが、言い間違いをあえて正すことなく使ったのは面白いですね。

実は**「コカ・コーラ」も間違いから生まれた商品**です。発売当初はコーラのシロップを水で割って出していたのですが、ある日間違えてお客さんに炭酸水と混ぜて出してしまいました。ところが、それが美味しいと大評判になり、一気にヒット商品になったのです。

決まったことをきちんとやるだけでなく、わざと今までと違うやり方をすれば、新しい着眼点が見えてくるかもしれません。

私は、お笑いの動画をただ観るのではなく研究材料として観ています。まだ駆け出しの放送作家だった頃は、「これは使える」といった芸人さんのネタのビデオテープを見ながら書き起こして脳にインプットするというトレーニングをよくやっていました。何人もの芸人さんのネタを見ましたし、時には同じ芸人さんのネタのテープを擦り切れるほど繰り返し観たものです。

近頃は便利な時代になり、インターネットの動画で芸人さんのネタ動画を誰でも簡単に観られるようになりました。人気芸人がユーチューブの公式チャンネルを開設していることは、もはや当たり前です。

東京03、中川家、ナイツ、バイきんぐ、サンドウィッチマン、シソンヌなど、とにかく**面白い発想や外し、視点のずらし方がうまい芸人さんのネタを参考にする**という感じです。

あなたの仕事に活かすなら、マニアックな芸風の方より、幅広く愛されるタイプの方が参考になるかもしれません。

例えば、かまいたちの「タイムマシン」というネタがあります。**「タイムマシンで過去に戻って、1つだけやり直せるとしたら、何をする？」**という切り出しで始まるのですが、あなたならどう答えるでしょうか。

ツッコミ担当の濱家さんが「あの時できなかった（愛の）告白をする」と言うのですが、ボケ担当の山内さんの答えは**「ポイントカードを作る」**です。

たしかに、作りそびれたポイントカードを作っていれば、今頃は膨大なポイントがたまっているはず。「なるほど」と思います。

今までのSFなどで、タイムマシンはだいたい「自分の人生をやり直す」という役割で使われるのが当たり前でした。その当たり前を突き崩してポイントカードという「日常」に視点をずらしたわけです。

この**「当たり前」から視点を変えるやり方**も使えます。そういうサービスは、すでにたくさんあります。

例えば、かつて音楽はCDを買って聞くのが「当たり前」でした。最近のサブスクリプションのサービスは買うという常識を否定して、定額で「借りる」という方向に視点を変えています。

カーシェアのサービスも、車を「個人で所有する」から、「みんなで所有する」に変えています。

あなたの手掛けているサービスの何が「当たり前」なのか、それを意図的に否定して何が生まれるのか、少し考えてみてもいいかもしれませんね。

昔、**島田紳助さんが「視点を変える」ちょっと面白い技**を使っていました。

紳助さんは政治やスポーツなどさまざまなジャンルのテレビ番組の司会をしていました。しかし、依頼された番組のなかには、必ずしもその分野に詳しくないこともあります。

当時、紳助さんはスポーツバラエティ番組の司会をしていました。当然、スポーツに詳しいと世間からは思われているのですが、実は、そこまででもなかったのだとか。しかし、仕事で司会をしている以上、知らないとは言えない。そこで、使っていたテクニックがあります。

例えば、好きな野球選手は誰ですかと聞かれて、当時大人気の「清原選手」（今だったら大谷選手とかですね）と答えるようでは、詳しくないことが悟られてしまう。巨人の清原選手はスポーツニュースにも出まくりだったので、日本中が清原選手のことを知っていますから、清原選手のことをいくら語っても詳しいとは認めてもらえません。

そこで、**少しだけ視点を変えます。知名度はあるけどみんなそれほど詳しくない選手の話をする**のです。

紳助さんが例に挙げたのは、当時、阪神タイガースの人気選手だった藤本敦士選手。タイガースなので関西では大人気だったものの、東京ではまだ、そこまで詳しく知られていませんでした。

そこで、「阪神の藤本選手のこと知っていますか？　彼はプロになりたかったけど、高校卒業後すぐにはなれず、専門学校や社会人であきらめずに腕を磨いて、見事ドラフトにかかった苦労人なんです」というような話をすると、「こんな細かなことまで知っているなんて、この人は野球に詳しい！」と周囲の見る目が変わってくるわけです。仮に、藤本選手以外の野球選手のことをほとんど知らなかったとしても、です。

人と違う視点でマニアックなことをしゃべる、というのも1つのテクニックです。

こうしたテクニックはビジネスシーンでも使えます。

クライアント相手に、いかに自分が担当分野に詳しいのかさりげなくアピールする時も、その分野のメインの話をするのではなく、少しずれたマニアックな話をすると自分の博識さをアピールできます。実際には、その箇所しか詳しくなかったとしても、クライアントの信頼度はアップします。

また、初めてクライアントを訪問する際は、**その企業の「はじっこ」を深く調べてみる、というのも面白い**ですよね。

「御社の沿革を拝見していたら、10年前に○○という出来事があったのを知りました。どうしてこういう決断をされたのですか」といった具合で質問すれば、「我が社のことをよく調べてくれているな」と感心されるでしょう。

ちなみに、**感度の高いビジネスパーソンは、すでに本格的な「お笑い」のノウハウを学び始めている**ようです。

吉本興業が運営するお笑い養成所「ＮＳＣ」で伝説の講師として知られる本多正識氏はダイヤモンド・オンラインのインタビューのなかで、「最近は、経営者やビジネスパーソンがお笑いを学びに来るケースが増えた。芸人独特の思考法は高度なコミュニケーションやアイデアを必要とするビジネスパーソンにとって魅力的なスキルだと認識されている」と語っています。

ＮＳＣに入学までしなくても、お笑いの動画をたくさん見てどう視点を変えているのか、自分なりに分析してみると、「こういう時は、こういうふうに視点をずらしていくと面白い」というノウハウが少しずつたまっていきます。

なぜ刑事ドラマでホワイトボードに写真を貼るのか？

よく刑事ドラマで捜査本部が、被害者の写真を黒板やホワイトボードにベタベタ

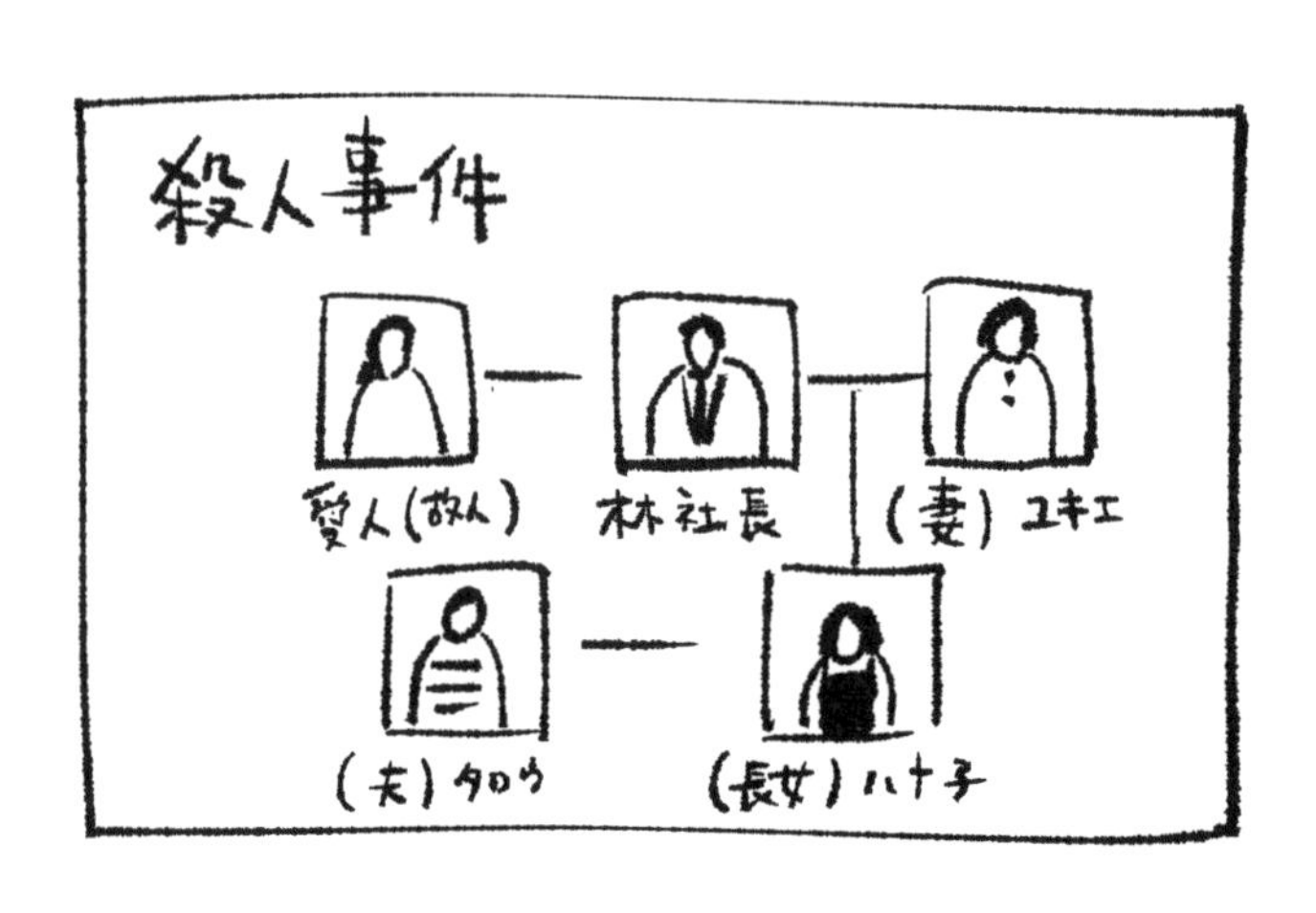

貼っているシーンを見かけますよね。

なぜ、そんなことをするのかといえば、全体を俯瞰して見られるからです。写真を並べてみると「Aという人物と、Bという人物の間にどんな関連があるのだろう」といった疑問や、「この出来事とあの出来事はつながっているのかも」といったひらめきや、新たな気づきにつながります。

このように、**「俯瞰して見る」だけで、視点が変わって、新たな発見があります。**

例えば、あなたが田んぼのそばに立っていたとします。地面から田んぼを見ても、ただ稲が風にそよいでいる様子しか分かりません。しかし、少し高いところに登って、田んぼを俯瞰して見ると、驚くことに田んぼのなかにアニメのキャラクターが浮かんで見えるじゃありませんか。

そう、その田んぼにはいわゆる「田んぼアート」があったのです。横から見たら、稲の一部が倒れているのが分かるかもしれませんが、それが何を意味するのかまでは分かりません。全体を俯瞰して初めて、理解できます。


さまざまな情報をインプットしただけでも、視点は変えやすくなりますが、それだけで終わらず、課題解決のために情報を俯瞰して見て、分析していくことが大事です。


そのために欠かせないアイテムが**「ホワイトボード」**です。

よく会議を効率的に進めるためにホワイトボードを使っているという会社は多いと思います。私も会社でホワイトボードを使っています。

ホワイトボードの重要性については、企画した本が１４００万部を突破した名編集者、柿内尚文さんの著書『パン屋ではおにぎりを売れ　想像以上の答えが見つかる思考法』（かんき出版）のなかでも触れられています。

柿内さんによると、ミーティングでホワイトボードに参加者の意見を書いていくことで、出てきた意見が見える化し、全体像を見ながら議論ができます。ホワイトボードがないと、どうしても各自が思いつきで発言し、一番いい思いつきが選ばれるということになりがちです。

ホワイトボードを使うことで、ミーティングのゴール（目的）と課題感をホワイトボードに書いて、それを参加者全員が見ながら議論をするので話がぶれることもないですし、誰かが発言した解決案も書いて全員で共有しながら議論をすれば、案が思いつきで終わらずどんどん発展し、連想ゲーム的にいろんな意見が出て、考えを深めることができますし、完成度の高いアイデアができます。

つまり、**ホワイトボードを使って視点を広げる**のです。

例えば、「猫」を使って何か販促に使えないだろうかと考えるとします。ホワイトボードに「猫（ネコ）」と書いたら、そこから連想するものをどんどん書き出していきます。

「種類」「日本猫と海外猫」「特別天然記念物の猫」「猫の歴史（進化）」「行動」「野生猫とペット猫」「食べ物」など、いわゆる猫の属性が思いつきます。販促に広げるなら「猫市場」「猫のCM」「猫動画」「猫キャラ」「猫のインフルエンサー」「猫好き有名人」など、思いついたことをどんどん書いていきます。

さらに、自分の知る「猫好きな人」「猫好きな会社の人」「猫好きな取引先の人」など、あとで直接リサーチできそうな人にも広げていくことができます。

もうこれだけでホワイトボードはいっぱいになっているはずです。

これは、1人会議でも同じです。何もないところで考えても、頭の中がぐるぐる回って煮つまって、いいアイデアに結びつきません。**自分の頭の中を、いったんホワイトボードに書き出して、見える化しながら考える**と、アイデアが出やすくなります。

また、ホワイトボードは人それぞれカスタマイズできると思います。付せんに書いてそれをベタベタ貼りつけていくという方法もあるでしょう。付せんを貼りつけていって全体を眺めながら関連するものをまとめていくといったこともできます。

ペンを3色くらい使って、つなげたり分解していったりしたものを色分けしていくこともできますし、図化したりアイコン化したりするのが得意な人は自由に描いていってもいいでしょう。

可能なら、そんなに大きくなくていいのでホワイトボードを家に置いて、自由な発想をしていくことで、あなたの頭の中がどんどん活性化していきますよ。

さらにさらに、**ホワイトボードはメモ帳としても使えます**。

これからインプットしようと思ったことをホワイトボードに残しておけば、常に目にするので忘れません。それをノートにメモしておくと開かないかぎりそのまま忘れてしまうことも。しかも、ホワイトボードにずっとメモしたままであれば、たいしたことではなかったと消せばいいだけです。

会議の席ではよく見られる光景ですが、ホワイトボードの内容を写メすればメモ時間の節約になります。

インプットしようと思ったことや思いついたものをサッと書いておけば、後でノートに整理するにしてもまとめやすく、その分、時間短縮になります。また、ホワイトボードに展開していったものを写メで保存しておけば簡単です。

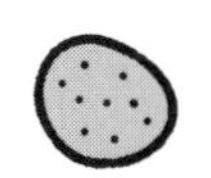

どんなに「無理そう」でも、まずはやってみる

私が思うに、視点を変えられずに、ありきたりな意見しか言えない人には「あきらめが早い」人が多いようです。

コスパを意識しすぎるのか「どうせ無理」と思って、損切りをしてしまいます。やる前から結果を決めつけるのも、ある種の固定概念です。たしかに、客観的に見て難しい場合もあります。しかし視点を変えられる人は、決めつけることをしません。ムダを恐れずに**「まず、やってみよう」**と思う人です。

私は年間で3000枚以上の名刺を配ります。1日で50枚以上配る日もざらにあります。名刺は機関銃の弾だと思っています。

ライフネット生命の創業者で立命館アジア太平洋大学元学長の出口治明さんは、10年間で20万枚の名刺を配ったといいます。マクドナルドに入って店員さんにも名刺を配ったといいますから。

実は頭のいい人ほど名刺を配りまくります。視点を変えられない人にありがちなのが、重要人物にだけ名刺を配るというケースです。言ってみれば、一発必中で人脈を作ることを考えるのですが、そもそも無理なのです。

せっかく名刺を配るチャンスがあるのなら「まずはやってみる」ことで、何かに当たるものです。

これは言い換えれば、**「あきらめない」という考え方と同じです。きたものはとりあえずやるという精神**で行動してみることです。

例えば、仕事をしていると、よく上司から「あの件、〇〇に直接会うことができたか？」とか「企画の肝である、あの件は進んでいるか？」などと聞かれると思います。

でも、「いや、無理でした」のひと言で終わってしまう人がいます。この人は、どこまでやってみたうえで「無理でした」と言っているのでしょうか。もしも「無理」と日頃から言っている人は、指示されたことをとりあえず試してみて、思い通りにいかなかったら簡単に「無理」と判断してしまっているか、あるいは始めから「どうせできない」と決めつけているのではないでしょうか。

こういったことが頻繁に起こると、おそらく以降の仕事はあなたに任されることがなくなっていきます。

原因は**「簡単にあきらめてしまう」**からです。
せっかく任された仕事に対して、さまざまな可能性を想定して試してみて、本気で取り組んだ結果なら仕方ありませんが、そこまでやる人は少ないもの。しかし世の中、案外「やってみたら上手くいった」ということがあるものです。

私が『探偵！ナイトスクープ』という人気番組で、**「一般の人が超有名人に会えるか？」という、今では定番になっている企画をやったことがあります**。

道行く人に「誰か有名人を知っていますか？」と尋ねると、1人目は「そんなに有名じゃないけど、〇〇という人とつながっています」と答えてくれます。その人に会うと、「超有名人ではないですが、〇〇という人と同級生で、超有名人の話をしていた」と。その同級生に会うと「うちのオヤジが〇〇さんと親しいと言ってたかな」と言って、そのオヤジさんが「〇〇さんは超有名人とおつき合いしてますよ」と、**3、4人尋ねれば、超大物に行き着きました**。

この経験から世の中、無理と決めつけてはダメだなということを実感しました。

かつて、博報堂のチーフプランニングオフィサーとして有名な小沢正光さんという方がいました。

小沢さんの名言を収めた著書『おざわせんせい』（集英社インターナショナル）のなかにこんな一節があります。

小沢さんが「NASAの映像を使いたい」と部下に指示したところ、「難しいです」との返答。そこで「NASAに問い合わせたのか」という問いに「いいえ」と返され、ひと言、「じゃあ、今そこでNASAに電話して」と言ったそうです。

普通なら、NASAが日本の企業CMに協力するなんてあり得ない、と思うところを「無理」だと思わずチャレンジをする。だからこそ、小沢さんは数々の名作CMを世に送り出せたのでしょう。

私は、この「あきらめない精神」が、不可能と思えることも可能にしてきたのだと思います。やはり世の中、やってみなければ分からないことがいっぱいあります。だから、あなたも「無理です」と言わずに考えてみてください。

第4章

視点がすぐに切り替わるテクニック

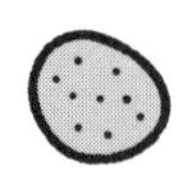

「考え方＋テクニック」で視点が変わる

さて、ここまでお読みいただき、視点を変えるにはどんな考え方が大事なのか、普段から何を実践していればいいのかご理解いただけたかと思います。

この章では、考え方を踏まえたうえで、視点を変える際に使える分かりやすいテクニックについてご紹介したいと思います。

考え方が分かるだけでも、今まではグッと視点を変えやすくなっていると思います。ただ、**これまで染みついた考え方はすぐには変わらない**ものです。

例えば、「枠にとわれない考え方をしよう」と思っても、長年続けてきた考え方のクセというものはなかなか抜けません。自分では視点を変えようと思っているつもりでも気がつくと、「ここまでぶっ飛んだ考えはあり得ないよなあ……」と枠のなかで考えてしまっているということはあり得ます。

いくら、「決意」をしても、それだけでは長続きしないもの。

そこで、役に立つのがこの章でお伝えするテクニックです。

テクニックは、視点を変える際に比較的簡単に使える思考の技術です。これからご紹介するテクニックを使えば、すぐに視点を変えられます。心掛けだけでは超えられない壁を超えられます。視点を変えるコツのようなものです。

そのため、**今まで視点を変えられなかった人が、テクニックを身につければ「なるほど、こうすればできるのか」という感動を覚えると思います**。

私が放送作家、そして企業のＰＲコンサルタントとして身につけた技術です。

視点を変える思考法を身につける、きっかけになります。

「じゃあ、テクニックさえ知っていれば、いつでも視点が変えられるんだよね」と言われると、そこまで簡単な話ではないのです。

サッカーでも、コーチにボールの蹴り方を教わったからといって、それだけでいきなり実際の試合で華麗なシュートを決められるかといえば、そうはいかないですよね。会議の席で、予想もしない質問が飛んできたり、準備をしていない話をいきなり振られたりすると、まごついて答えられないことはよくあるでしょう。

ちなみに、私はそういう場合でも何の心配もしていません。テクニックを反射神経で対応できるレベルまで落とし込んでいるから、即座に対応できるのです。

この本のテクニックは、誰でも覚えられるし、誰でも使えます。

ただし、**テクニックは何度も試してみて身につけないと、いざという時に使えません**。付け焼刃ではボロが出て、かえって痛い目にあいます。

よく広告の文句で「これさえ覚えれば、明日からあなたも大丈夫!」という文言を見かけることがありますが、たいていはインチキです。

あなたも、ここに書いてあるテクニックを事あるごとに繰り返し試して、自分の思考回路の一部にしてください。

この章では7つのテクニックをご紹介します。どんな場合でも当てはまるわけではありません。ケースによって、**この方法は使えるけど、別の方法だと上手くいかない、ということがあります。あなたの抱えている課題に応じて、合ったやり方を選んでください**。

どのやり方が自分の課題に合っているのか、ということを瞬時に判断してひと味違う意見をすぐに言えるようになれば、もう怖いものはありません。

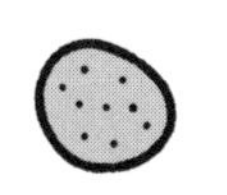

極端振り切り視点

あなたは、近所で人に道を尋ねられたら、何と答えますか?

「この先の角を右に曲がって……」といった感じで説明するのではないでしょうか。

私は、少し違います。世界地図（または地球儀）を取り出して親切に指でなぞって教えてあげます。

「いやいや、それじゃデカすぎて分からないでしょ！」

と、頭の固い人からは怒られるかもしれません。もちろん冗談ですが、普通の人であれば、ひと笑い起きて場が和むんじゃないかと思います。


私は常に、どうやったらウケるかを考えています。

そういう時に、極端な発想をするというのは、定番です。

面白いことが言えるということもありますが、視点を変えるうえでも**「一度、思いっきり極端なことを言ってみる」**というのは悪い手ではありません。**常識で凝り固まった頭が、視点を変えるモードに切り替わっていく**からです。

視点を変える時に、「普通」に考えていては、変えようとしてもなかなか変えられません。まず、真っ先に「常識」が頭に浮かんでしまうからです。

働く人はこんな服装や髪形が望ましいとか、朝早すぎる夜遅すぎるなんて非常識とか、こういう立地のお店はお客さんがたくさん来るけどそれ以外は難しいとか。

たしかに、常識に沿って考えれば大きな間違いは起こしません。誰からもバカにはされません。しかし、その常識が行き詰まって新しい答えが欲しい時には、周りからどう思われようが**思いっ切り視点を変える**ことが必要です。

そういう時は、思い切って一度考えを極端な方向に振り切ってみるといいでしょう。

❶ 要素を極端に振り切る

極端に振り切る要素はいろいろあります。

ビジネスに関連して考えてみれば、時間、年齢、分量、大きさ、材料、立地、予算……**どれか1つを思いっきり極端に振り切ってみれば、突破口につながります。**

例えば、打ち合わせ。

だらだらと雑談が続いて時間が長くかかり、生産性が悪いというのはどこの会社でも起こりそうな話ですよね。であれば、「時間」という要素に着目して「1つの議題につき10分以内に結論を出す」とか決めてみてはどうでしょう。長く話せばいい結論が出るとは限りません。むしろ短時間で話すほうが物事に集中できます。

さて、ここで1つ問題を出します。

【問題】あなたは、ドーナツチェーンに勤務しており、新規出店計画を練っています。ライバルに負けないお店にするには、どうしたらいいでしょうか。

「やっぱりお客さんがいっぱいくる駅前に大きな店を出すといいんじゃないかな」

それが普通の答えですね。それができれば一番いいでしょう。ただし、予算も莫大になりますし、ライバルも多く、簡単ではありません。

「クーポンを配布する」という手もありますが、効果は一時的なものにとどまりそうです。

ここでも「時間」で振り切ってみてはどうでしょうか。

【回答例】開店時間を午前０時にする

例えば、「時間」に着目すればこうした答えもありでしょう。以前、東京の吉祥寺で「午前0時に開店するドーナツ屋」が実際にありました（ドーナッツプラント吉祥寺店）。他店と違う客層で勝負する、という意味では極端な視点の変え方です。一時は行列ができるほどの人気だったようです。

こうして広げていくと、いろいろな考え方ができますよね。どんな業種、業態でも極端に振り切ってみるというやり方は試す価値があります。

時間でいえば、今では当たり前になっている24時間営業ですが、最初に始めたのは牛丼チェーンの吉野家で、１９６０年代のこと。これも、当時としては極端で常識を破壊するやり方だったことでしょう。

例えば、本を出すにしても、**「ページ」で振り切れば、思い切って1万ページの本とか、1ページしかない本とか考えられますよね。**まあ、実現可能かどうかは別です。けど、ひたすらぶ厚い本というのは、実は近年よく売れているそうなのです。通称「鈍器本」と呼ばれて、『独学大全』（ダイヤモンド社）などはなんと700ページ超です。そんな本が20万部超えの大ヒットを記録しています。それに追随する鈍器本が各出版社から出て、どれも売れ行き好調とのことです。

極端に振りすぎてそのままでは採用できないということもあるでしょうから、その場合は、極端な発想を活かしつつ、現実的な落としどころを探るというのも手です。

1万ページが無理なら、700ページでもいいわけです。だいぶ小さくなりましたが、それでも実際に手に取ってみると、下手な辞書の2倍近くの厚みがあってかなりボリューミーです。

ちなみに、最近大ヒットしている本は、めちゃめちゃ小さな本です。何とスマホより小さいのです。『口に関するアンケート』（ポプラ社）というホラー本で「普段、読書をしない人たちにも手に取ってもらえるように」という狙いで**コンパクトにした結果、20〜30代の若い層に受けて、発売1カ月で15万部を超える大ヒット**につながりました。

極端に振り切る場合、極端すぎてそのままではビジネスで使えないアイデアになるかもしれません。それでも、「そんなバカなことはできない」と思っていたら頭が固いままです。**いったん極端に振ってみることは、視点を変える最初のきっかけ**になり、そこから発想が広がるということもめずらしくありません。

❷ 限定して振り切る

「おんせん県」とは、どこの県か分かりますか。

答えは大分県。別府などの有名温泉地を多数抱える大分県が、PRのために設定した名前です。大分には温泉以外にも数多くの魅力がありますが、あえて「おんせん」に絞り込むことで、個性が際立ち、魅力が増します。
「うどん県」もあります。これは分かる方が多いでしょう。讃岐うどんで有名な香川県です。こうした**「限定」も、一種の振り切り方**です。

山形県にある鶴岡市立加茂水族館も「限定」したイメージで成功した例です。この水族館、かつては年間入館者数が過去最低の9万人（1997年）を記録したこともあり、まさにどん底だったのですが、2014年には71万人にまで回復し、2024年には累計500万人を達成するなど、奇跡の復活をとげたのです。その理由は、展示する生き物を極端に絞ったこと。

通常、水族館は多種多様な水の中の生物を展示するのが通例です。多くの生き物が見られるというのは、魅力の1つです。しかし、それはどこの水族館も考えること。思い切って特定の種類に特化して、その魅力を最大限に引き出す展示を行ったらどうなるのか。

加茂水族館が選んだ道は「クラゲ」に特化することでした。自ら「クラゲドリーム館」と名乗り、現在世界中に生息する60種類以上のクラゲが見られるそうです。クラゲといえば、半透明でゆらゆら泳ぐ姿に癒されるという人も多い生き物。半透明の体は光に当てると美しく、1万匹のクラゲが泳ぐ姿にスポットライトを当てた幻想的な「クラゲドリームシアター」は、映え（ばえ）スポットとして大人気です。**地方の水族館でも、極端に振り切ってしまえば、世界から注目される人気スポットにもなり得る**のです。

ちなみにこの「限定する」という方法、普段のオフィスの課題解決でも使えるんじゃないでしょうか。

例えば、オフィスにかかってくる電話対応に追われて、なかなか本来の仕事に手がつかない、なんて「あるある」じゃないでしょうか。

であれば、いっそお客さんにも「電話に出るのは13時から17時までです」などと限定しておくのも手です。その時間を過ぎたら、留守電に切り替わるようにする。

あるいは、電話に出られる社員が何人かいるのであれば、午前中はAさんとBさん、12時～15時はCさんとDさんといったふうに、時間を限定して振り分けておくのも1つのやり方かもしれません。

❸ 真逆で振り切る

「押してダメなら引いてみな」

昔からよく言われる言葉ですよね。よく考えてみると、これも視点を変えることで行き詰まった局面を打開する方法として、昔から受け継がれてきた言葉だと思います。

この場合、どんなふうに視点を変えているのか。

それは**「真逆」**だと思います。

「ピンチはチャンス」これもよく言われることですが、物事を捉える視点を真逆に変えることで、課題解決につなげるということだと思います。

真逆の発想を使ってみると、面白い仕事ができると思います。

例えば、真逆とは具体的にどんなものがあるのか。すぐに思いつくのは、次のようなものです。

熱い　⇕　寒い
早い　⇕　遅い
暗い　⇕　明るい

いろいろ思いつきますから**「とりあえず、真逆を試してみる」だけでも、案外面白い組み合わせが見つかったりします**。スイーツは甘いというのが定番ですが、真逆で「辛く」した商品とかアリじゃないでしょうか。

高級チョコ「MAGLIO」が発売している「マーリオチョコレート島とうがらし大辛口」は、文字通り辛いチョコレート。これが意外に大人気で、大手航空会社の機内販売商品として採用された際には、人気がありすぎて欠品が出たというエピソードがあります。

固定概念にとらわれずに試してみると、意外といいものが生まれる例です。

人気フルーツのマンゴーの真逆は何でしょうか？

一般的には甘いフルーツというイメージなので、辛いマンゴーというのも面白いかもしれません。とはいえ、何しろ相手は植物ですから、チョコレートのように人為的に作るのは難しいと思います。では、産地はどうでしょう。**一般的にマンゴーといえば、宮崎などの「南国」のイメージです。これを逆さにして北の大地で作ったらどうなのでしょうか。**

そんなマンゴーが実際にあります。

北海道・十勝地方で栽培されている「白銀の太陽」というブランドマンゴーは、温泉と雪という再生可能エネルギーを利用して、冬に完熟マンゴーができるように育てています。南国で採れるマンゴーは夏が旬ですが、季節をずらして真冬にできる北海道マンゴーは大人気で、なかには1個5万円の価値がつくものもあるのだとか。

学習塾でも、**真逆戦略で当たっているのが「武田塾」**。

普通の学習塾は、授業で生徒に勉強を教えます。そのため、授業の質や中身が問われます。

学習塾にニアリーな存在の予備校でも、生徒に人気の「名物講師」が結構いますよね。なかには、ヤンキー先生とか金ピカ先生など、かなりキャラ立ちした先生がいたケースも。「今でしょ！」の名セリフで有名な林修さんも予備校の講師です。そうした先生の存在は集客の役目も果たしています。

ところが、**武田塾がとった戦略は「授業をしない」というものでした。「授業をする」のが当たり前の学習塾において、真逆の方法です**。

どんなに面白い授業であっても、弱点はあります。それは講師1人に対し、生徒が多数であるため、1人ひとりに合わせた学習が成立しづらいのです。

武田塾はその生徒のレベルに合った「参考書をやり切る」「進捗（しんちょく）管理をきちんとする」という独自のスタイルで、オンリーワンの存在感を出し、現在は全国で400校を超えるまで支持を伸ばしています。

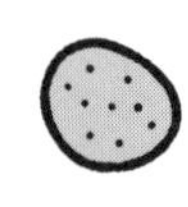

分解ずらし視点

人と違う意見を言うには、極端に振り切るだけでなく**「ちょっとだけずらす」**というのもテクニックの1つです。

「誰もが知っていること」「誰もが思いつくこと」からちょっとだけずらすのです。例えば、日本一高い山は誰でも富士山（3776m）と知っています。でも、2番目に高い山は意外と答えられません。答えは南アルプスにある北岳（3193・2m）ですが、ここに注目する人はいないでしょう。

私はこの**2つ目の視点を考える**ことをしています。例えば、ゾウの特徴を想像する時、ほとんどの人が「鼻」と答えます。実はこれこそ刷り込みにすぎません。おそらく子どもの頃から童謡の『ぞうさん』を聴いているため、「ゾウ＝鼻」と考えてしまうのかもしれません。

でも、「耳」だってデカいわけです。つまり、ゾウを想像することですら鼻でいいのだろうかと疑ってみるのです。

例えば、会議などで「今、一番売れているライバル商品は〇〇です」と言ってしまえば当たり前。誰もが分かっているからです。でも、**「今、2番目に売れている〇〇は……」**と言うと、周りの人は「なぜ、2番目なのだろう？」と、あなたの話に興味を抱くでしょう。2番目を起点にすれば、周囲の人とは違う視点で意見を言えるかもしれません。

2番目といえば、2012年に『最後から二番目の恋』というドラマがヒットしました。「最後の恋」でもなく、「最初の恋」でもなく、「二番目」というのがいい意味で引っかかりますね。2025年4月からシリーズ第3弾となる『続・続・最後から二番目の恋』が放送されるとのこと。これだけ、長く愛されるヒット作になった要因の1つは、「二番目」を上手く使ったタイトルの秀逸さにあるのではないかと思います。

つまり、視点をずらす際に考えなくてはいけないのは、「何を」変えればいいのかということです。

「2番目にずらす」のは、順番をずらしています。それもずらし方の1つですが、ビジネスシーンではもっといろんな要素をずらせますよね。

視点をずらすうえで、必要な作業の1つが「分解」です。

例えば、営業という仕事の中身を分解してみると**「得意先」「アプローチ」「訪問時間」**などになります。そのうえで、どの要素の視点を変えるのか、という点に着目します。

「得意先」が飽和状態であれば新たな顧客を開拓するのか、あるいは「アプローチ」方法に今までになかったSNSを活用する、時間であればいっそ朝早い時間に行く（相手の迷惑にならなければ、ですが）といったずらし方ができます。

ありがちなのが、「何かいい方法はないかな」と何となく頭をひねって結局、何もいい考えが思い浮かばないケースは、この本をお読みの多くの方に経験があるでしょう。

そういう時は、ぼんやりと想像するのではなく、具体的に「分解」を行うといいのです。

私があるアパレル関係のクライアントから、「売れる服を作りたいのだがどうしたらいいか」という相談を受けたことがあります。その時、私が答えたのは**「じゃあ、下着を作ってみたらどうですか」**ということでした。

なまじ、尖った(とが)デザインの服で勝負をかけて、消費者の支持を得ようとしても、よほどデザインが時代にハマるか、人気有名デザイナーの作品でもないかぎりハードルが高いと思いました。

では、どうするか。

服という存在を分解してみると、普段着もあれば、よそゆきの服もありますし、仕事着もあります。しかし、**どんなシチュエーションでも必ず全員が着ているのが「下着」**なのです。

つまり、常にニーズがあります。「たくさん売る」という方向でシンプルに考えるなら、「売れる下着」を作ることです。安さで勝負してもいいですし、あえて有名デザイナーを起用した下着で勝負してもいいでしょう。事実、女性用の下着であればセンスで勝負しているものも多いですよね。

でも、男性や子ども向けだと、まだデザイン性の高い下着はまだ少なく、新しい商品開発の余地はあるのではないでしょうか。

「売れる服」と聞いて、人気ブランドの服や、今年のトレンドなどを思い浮かべる人が多いと思いますが、そこで発想が止まってしまうと視点を変えることができません。服という存在を分解すると、意外に見落としていた可能性に気づくことができます。

分解ずらし視点の使い方はバリエーションが豊富です。例えば、次の問題を考えてみてください。

【問題】あなたが、農業生産者の方から「ほうれん草」の新しい売り方を依頼された場合どうしますか？

まずは、ほうれん草の要素を分解してみてください。

「野菜、鉄分、緑……。うーん、他に何かあるかな？」

ひょっとして、さっそく行き詰まりましたか？

分解しようといってみても、ただ何となく考えただけでは3つか4つの要素で出つくしてしまいがちです。分解にはコツがあります。

まずは、「カテゴリー」に分解します。これが分解の第1段階。

例えば、外見、栄養素、味、調理法、などがあります。

そこから、さらに深掘りをするのが第2段階です。

外見でいえば、緑色、葉っぱ、高さは○cmなど。

ほうれん草を分解するとどうなる？

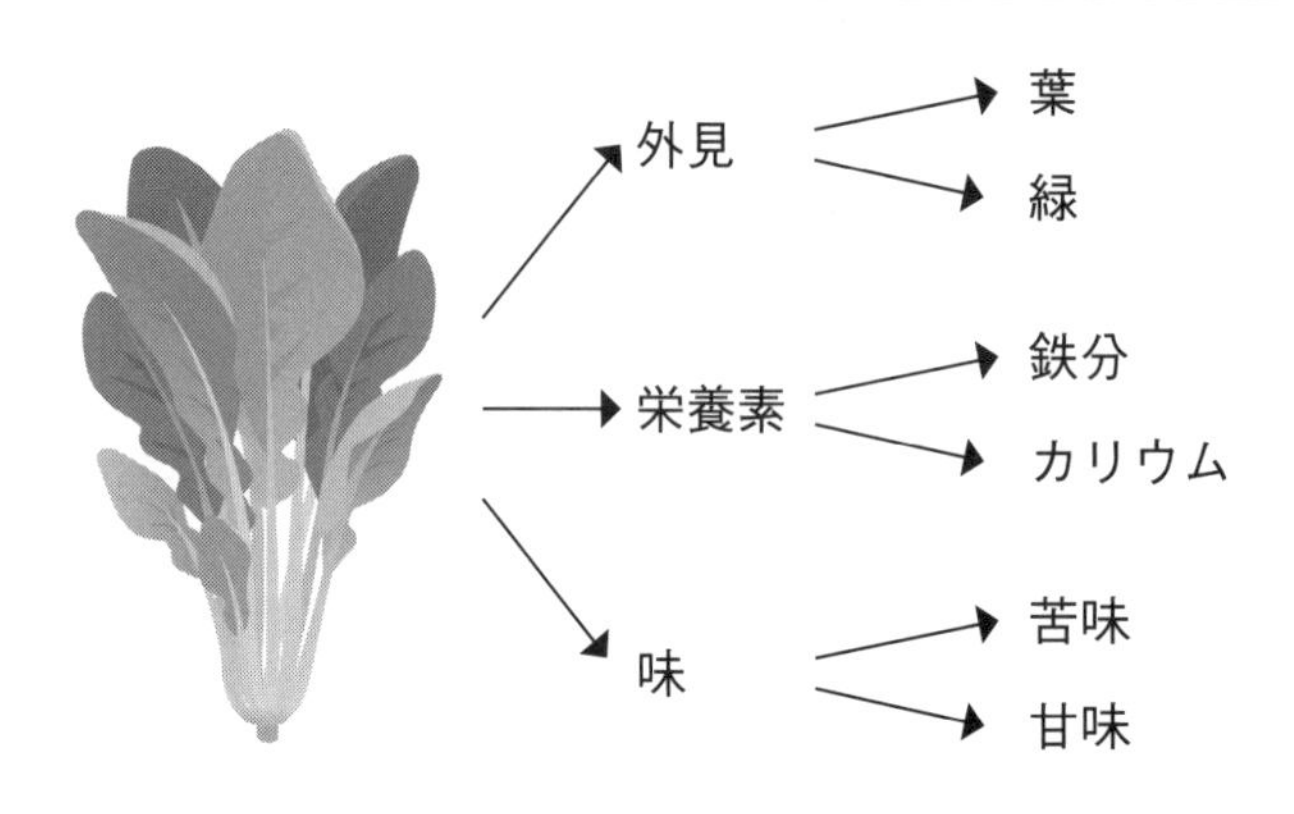

栄養素でいえば、まずは鉄分、他にもビタミンやカリウムなどもあるそうです。

味でいえば、ほんのり苦味を感じますし、時には甘いこともあります。

調理法なら、おひたしやごま和えが有名です。

けっこう分解できましたね。

では、ここからが本番。視点を変えていきましょう。

視点を変える際のポイントとしては、**「真っ先に思いつくもの」を外す**ことです。人と違う意見を言うには、「ほうれん草とはこういうものだ」という思い込みを外さないといけません。

外見でいえば、まず緑色ですので「緑色以外のほうれん草」というふうな視点のずらし方ができます。赤や黄色のほうれん草が技術的に可能かどうかということは分かりませんが、関係者と相談してみる価値はあります。

あるいは、ほうれん草の「緑」に着目して、ほうれん草の色素を活かしたアート作品みたいな発想もアリです。広告や販促ツールに使えるかもしれません。

栄養素でいえば鉄分ですが、意外に知られていないのが、カリウムが豊富に含まれていること。細胞の新陳代謝を促進する効果があるので、「美肌ほうれん草」みたいな売り方も考えられます。ほうれん草単体ではなく、他の食材と組み合わせた美肌パッケージメニューだってあり得ます。

ただし、「ほうれん草といえば鉄分」という世間のイメージは根強いわけですから、**あえてそこに乗っかり「鉄」に着目して、そこからずらしていく**という手段もあります。その場合、鉄つながりでいろいろ思いつくものを挙げていきましょう。

鉄といえば、ロボット、自動車、鉄鉱石、鉄道……など挙げていけばいろいろ出ます。

「ロボットといえばドラえもん、ドラえもんはどら焼きが大好きだけど、ほうれん草が好きなロボットキャラとかどうかな」とか、鉄道マニアの人々は自らを「鉄分が多い人」なんて自称しているそうですが、ならば「鉄道好きの人がもっと鉄分が取れるように、ほうれん草の産地で『鉄分増大イベント列車』を走らせて、ほうれん草グルメを味わってもらう」などアイデアが出そうです。

味でいえば、**苦味よりも甘みに着目して、ほうれん草のスイーツやお菓子であれば意外性も演出できます**。お菓子であれば、ほうれん草が苦手な子どもたちにも食べてもらえそうですし、新しい利用法として消費拡大につながる可能性もあります。

いっそ、めちゃめちゃ糖度の高い、極甘ほうれん草を品種改良で作れないか、生産者の方と協議してみてもいいかもしれません。ただし、かなり時間と手間と予算は掛かるかもしれませんが。

分解する際は、要素は最低10個以上、出すように心掛けてみてください。視点を変えるための「軸」をどれにするか、候補が多いほうがよりアイデアの精度は高まります。

●「点」で考えるから視点をずらせない

ここで、もう1つ問題です。

【問題】テレビ番組に今をときめく大リーガーの大谷翔平選手を呼びたい。テレビマンなら誰しもが思うこと。視聴率が爆上がりするのは目に見えていますから。しかしながらスケジュールを押さえるのが極めて困難ですし、そもそもいくらギャラがかかるか分からない。さあ、あなたならどうしますか?

「いや、どう考えても無理でしょ」

「どこかに、強力なコネがあれば……でも見つからない」

「とにかく予算をつけるしかない、ダメ元で上を説得してみよう」

こんな感じでしょうか。

しかし、この雰囲気だと行き詰まってしまいそうです。

では、ここで分解してずらしてみましょう。


このケースをよく考えてみると、別に大谷選手に直接会いたいわけではないでしょう。そういうミーハー心で考えた企画ではなく、大谷選手をテーマにした番組ならたくさんの人に見てもらえる、という趣旨で考えるということです。

できたら大谷翔平本人に出演してほしいのだけど、現実的にはハードルが高すぎて難しい。

ここで、**まずは大谷選手を「分解」します**。

どうやって分解しますか？　少し考えてみてください。

「うーん、大谷選手の要素といえば……二刀流、ホームラン、盗塁」
「あとは、大谷選手の帽子、ユニフォーム、シューズ、豪邸……とか」

たしかに、それも要素ですが、それくらいだと、なかなか新しい企画にまではたどり着きそうにないですね。

私は時々「どうやったらいいアイデアが出ますか？」という相談を受けることがあり、分解してずらすという方法を教えることもあります。

しかし、せっかく教えたのになかなか使いこなせない人が多いようです。なぜだろうと思って話を聞いてみると、**分解する方向性も、要素も、数も全然足りていないこと**がほとんどです。

視点を変えられない人は、大谷選手のことを考える時に「点」でしか考えていません。大谷選手本人にしか目がいかないわけです。しかし点で考えず、そこからいろい

大谷選手をできるだけ多くの要素に分解する

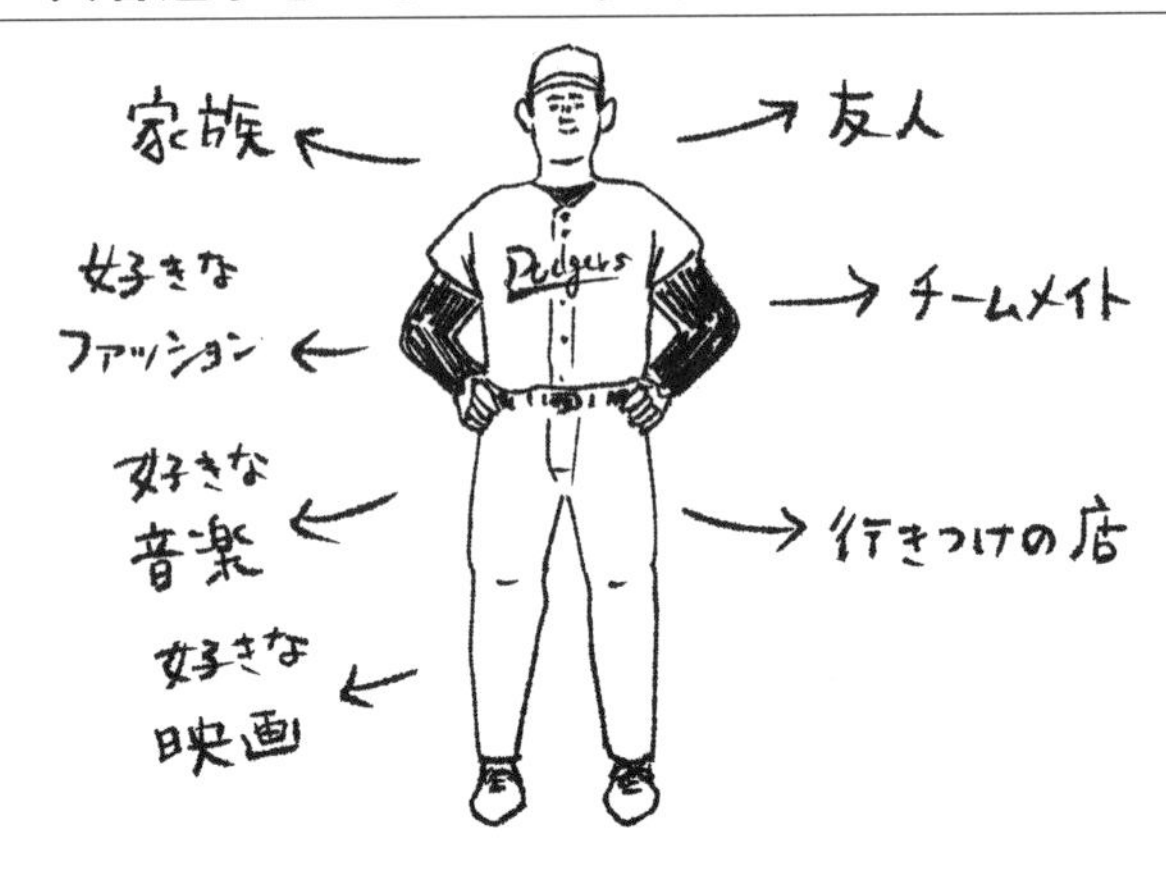

ろ「ずらして」考えてみたらどうでしょう。

大谷選手本人への取材のハードルが高いのであれば、「家族」にずらしてみる。

大谷選手のお母さんや兄弟はどうでしょう。親友や恩師でもいいかもしれません。そうした人たちが複数人いれば、大谷選手の人となりもよりクッキリ浮かび上がるし、マル秘エピソードも聞けるかもしれません。

つまり、大谷選手から「大谷選手の家族」「大谷選手のチームメイト」「大谷選手の故郷」……など、**「大谷選手の〇〇」の伏せ字のところをいっぱい考えてみるイメージ**です。

あるいは、大谷選手の1日を想像してみてはどうでしょう。

視点を変えられない人は、大谷選手と聞いて、本人のイメージしか浮かびません。

だから、ユニフォームとか帽子とか、そのくらいしかずらせないわけです。

もっと幅広くイメージすると、大谷選手が朝起きたら何をするか、朝食は何か、飼い犬を散歩する時に近所の人と挨拶を交わすのか、家を出て球場に向かうまでにどんな風景が広がっているのか、途中にホットドッグの店があるか、球場に入って最初に誰と出会うのか、球団職員なのかトレーナーなのか通訳なのか……など、こうやって考えると自然と視点も変わりますよね。


それを踏まえて、私だったら、こんな企画を考えます。

名づけて**「大谷伝説100連発」**。

視点をずらして大谷選手の家族に取材しようとしても、現実にはご家族の方の了承を取るのだって難しいかもしれません。おそらく大谷選手本人も望まないでしょう。

しかし、大谷選手を知っている人は、親兄弟や親戚だけではありません。

例えば、大谷選手がよく行くバーガーショップの店員さん、車を買った時のディーラーの人、ご近所で散歩の途中に挨拶をしたことがある人、大谷と高校時代に対戦した岩手の元高校球児……とこんなふうに集めていけば、100人くらいは集まりそうです。

この企画のポイントは、大谷選手1人の代わりになるのは、いったい何なのかということ。これは定量化できる話ではないのですが、企画を通す時にプロデューサーを説得する材料として「大谷選手はNGでしたが、**大谷選手に直接会ったことのある100人を集めました**。いいエピソードが聞けました」と提案すれば、「100人もいるのであれば、面白いかも」と思ってもらえる可能性があるということです。

人だけでなく、「大谷が読んだ本」「大谷が好きな映画」「大谷が好きなテレビドラマ」など、それこそ大谷周りをとことん突き詰めれば、もっとネタが出てくるかもしれません。

あなたの会社の会議で、上司が「大谷選手がうちの商品を取り上げてくれたらなあ」などと言ったら、「無理に決まっています」と言うのではなく、視点をずらして探してみたらヒントが見つかるかもしれません。

●iPhoneという名前も「視点ずらし」

私は、この**分解ずらし法で、商品をヒットさせた代表例がアップル社のiPhone**だと思っています。

アップルのｉＰｈｏｎｅは２００７年に発売されるのですが、それまでは本当にさまざまな端末が売られていました。

カナダの企業が出した「Blackberry」とか台湾のＨＴＣという会社も同じような商品を発売するなど、競争も激化していました。

電話ができて、ネットにもつながる、写真も撮れると1台で一石何鳥もの機能がある総合コンピューターです。これはどんなネーミングにすればいいか、企業も相当悩んだはずです。

多くの会社は、**「最先端の小型コンピューター」**にこだわって、**洗練された洒落たカッコいいネーミングで売り出しました**。しかし、思うように売り上げは伸びませんでした。

しかしアップルは違いました。**小型コンピューターにどんな機能があるのか、分解してみた結果、「電話」に注目した**のです。

iPhoneは「電話」だからヒットした

スマートフォンが持つ数ある機能のなかで、電話はもっともアナログな機能の1つでしょう。電話なんて、どこの家庭にも1台はありましたし、携帯電話（ガラケー）も普及していましたから、あえて電話機能をフューチャーする必要はないと多くの企業は考えたのです。

それに対し、アップルはあえて「iPhone」というネーミングで発売しました。Phone、つまり「電話」と名づけました。**「これは電話もでき**

るコンピューターではなく、コンピューターとしても使える電話なのだ」という意図が見えます。電話を主役にし、最先端であるはずの小型コンピューター機能を脇役扱いしたようなものです。

それまで、多くの人が携帯電話を持っていました。日本でもガラケーを持っていて、お年寄りも旅行先でガラケーを手に写真を撮ったり、お孫さんの写真を待ち受け画面にしていたくらいです。

こういった人たちも今やｉＰｈｏｎｅ（スマートフォン）を持っています。実はここがミソで「小型コンピューター」ならわざわざ買わないけど、「より便利な電話」なら買い替えるという人が多くいたのです。

ここにアップルは気づいたのだと思います。もともとコンピューターの会社なのに電話を出すという発想ができたからこそ、世界的なヒットとなったのです。

電話だという発想にずらすことができた究極のネーミング。今でも年配の方でｉＰｈｏｎｅを手に、〝携帯電話〟って言っている人がいるくらいなのですから。

ｉＰｈｏｎｅは、**要素を分解して「当たり前を避ける」、そのうえで「ベタな方向に着地させる」という、一見矛盾することをやっています。**

ずらすうえで、ありきたりではいけないが、やりすぎると消費者から見向きもされない。時代の半歩先を行く、というような方向に視点を変えられたら、ちょうどいいと思います。

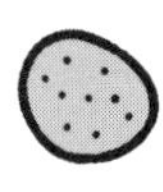

連想ゲーム視点

私がある婚活サイトと一緒に仕事をしている時に、ある有名なトンカツ屋さんのカツサンドが流行っていたので、その商品にＱＲコードをつけて「婚活サンド」を売らせてくださいと頼んだことがあります。

その後、トンカツ屋さんのほうから「発想が面白い」と言ってもらえて、その後も仲良くなり、いろいろ相談したりされたりの間柄になりました。

「なんだ、ダジャレじゃないか」と思うかもしれませんが、**ダジャレだって、立派な視点のずらし方**です。同じ発音で意味が異なるものは、世の中に数多くあります。

「ふとんが吹っ飛んだ」とか「イクラはいくら？」みたいな、一見くだらないダジャレのように見えますが、「ふとん」と「吹っ飛ぶ」というまったく意味の違うものが、発音が同じということでつながります。

こうした、言葉の発音や意味を少しだけ「ずらす」のも、視点を変えるうえで有効で、なおかつスタンダードな方法です。ひょっとすると、私が会議で一番使っている方法かもしれません。ここでは**「連想ゲーム視点」**と呼びます。

「こんなダジャレがビジネスの役に立つの？」と思われるかもしれませんが、「言葉」の強度を上げることは営業にも有効です。

例えば、高齢者向けの商品をクライアントにプレゼンする時に「『老いるショック』に負けない商品です」なんてプレゼンしてみてはどうですか。論理だけ、データだけで説明するよりも印象に残りそうです。ちなみに、「老いるショック」という言葉は、みうらじゅんさんが作った造語です。さすがですね。

連想ゲーム視点で生まれた人気商品の1つに、鳥取県で育てられた鯖「お嬢サバ」があります。

鯖は一般的に、寄生虫がつきやすく火を通さないと食べられないといわれていますが、完全養殖の稚魚を、ろ過された地下海水で育てることで、寄生虫がつかない鯖に育つそうです。当然、**手間をかけて育てられるため、箱入り娘になぞらえて「お嬢サバ」**というネーミングが生まれました。「さま」と「サバ」の1文字違い、そこに「お嬢」がつくことで、グッとブランド価値が上がります。

こうしてみると、やはり言葉遊びというのは、楽しく、印象に残りやすいものです。集客にもブランディングにも上手く活用したいものです。

こうしたシャレは雰囲気を明るくすることができます。

会議で意見がなかなか出ずにどんよりした空気に包まれることってありますよね。そんな時は勇気を持ってダジャレでも言ってみると、意外やウケることがあります。その昔、織田信長が桶狭間（おけはざま）の戦いで奇襲をかける直前、織田軍に重い雰囲気が漂（ただよ）いました。その時に信長は、加藤という武士を呼びつけ「加藤、この戦に勝とう」と言ったという話があります。あの信長がダジャレを言って、逆に士気を高めようとしていたんですね。

このように、重苦しい空気を打破したい時には有効です。でも、会議が活性化していて盛り上がっている時にダジャレを言うのはNG。ウケたとしても話が別の方向にいってしまうことがあるので、使うタイミングが大事です。

さらに、単純なダジャレからもう一歩踏み込んで、すでにある言葉に少しだけ何かをつけ足してみる、という方法があります。

ここで、1つ問題を出しましょう。

【問題】東京にある大手百貨店の「伊勢丹」。連想ゲーム法を使って、新しいビジネスを提案してみてください。

「『いせたん』という言葉のなかに、同音異義語が見つからないから無理ですよ」

そう思うかもしれませんが、簡単にあきらめないでくださいね。

たしかに、見つけづらいですが、もうひと工夫で何とかなりそうです。

ちなみに、私だったら「伊勢丹」という名前の下に「塩」をくっつけます。すると**「伊勢タン塩」**になります。そして「伊勢タン塩やりませんか」と提案しますね。牛肉を売るデパートの催事になりそうです。

「伊勢丹」という言葉のなかだけで探すと限界があるのですが、何文字か加えるだけで、使える範囲がかなり広がります。

これは、「伊勢丹」という言葉と、デパ地下に売られていそうな食品との共通点を抽象化した答え、ということもいえますが、思いつきとしてはダジャレです（笑）。

しかし、こうして言葉を数珠つなぎしていけば、自然と発想が鍛えられると思います。

●言葉以外の要素で連想を広げられる

さらに、もうひと押し広げるならどうでしょうか。

まったく同じ発音ではなく、似た発音のものも守備範囲に入れてみます。

以前、ダジャレをきっかけにして、私が提案をした携帯電話会社のキャンペーン企画があります。

今から10年ちょっと前になりますが、携帯電話各社がネット環境のつながりやすさを競う状況がありました。そこで、某携帯電話会社で「つながりやすさ」をアピールする方法を10人以上で話し合う会議がありました。

私は昔からカレー屋をやりたくて、この企画でカレーができないかなと考えていました。「『つながれ』になぞらえて、ツナのカレーを配ったらくだらないかな」と考えて提案したんです。その時は「ツナガレーってただのダジャレじゃん」と言われたのですが、後日また会議に呼ばれて行ってみると、そこにはパッケージの見本がいくつも置いてあったんです。

そうしたら「食べ物を配ったことがなかったから、どうなるか試してみたい」ということで、会議に参加していた人たちとアイデアを出し合いながら企画を進めることになったのです。ただ、ツナ味がなく結局ポークカレーになってしまいましたが、「つなガレー」というダジャレを活かしたカレーを関連ショップで限定配布するキャンペーンを実施して話題となりました。

ダジャレだけが連想ゲーム視点ではありません。

最近、進めているプロジェクトに「一貨店」を作ろう、というものがあります。百貨店はすでにありますが、そもそも百も商品があるのは多いんじゃないか、という発想です。

これも「百貨店」の百という数字に着目して、そこから連想して視点を変えるとどうなるかと考えた結果生まれたものです。

1つしか商品がないというのは、普通はあり得ないことでしょうけど、だからこそ1つしかない商品をどうディスプレイするのかなど、考えがいがありますね。前にも紹介した「限定」にもつながる話ですが、振り切ったからこそ光る企画になったと思います。

ここでさらに、お題を出しましょう。

【問題】あなたの目の前に消毒液があります。ドラッグストアでよく見かける普通の消毒液で、特に特徴というものはありません。この消毒液のPR案を考えるとすると、あなたならどうしますか。

「消毒液なら、消毒の効果をアピールするのがいいんじゃないの？　それ以外には思い浮かばないんだけど」

そう思いますよね。普通に考えたら「殺菌力が今までの1・5倍」などと、スペックを訴求したいところです。ただ、そういう設定ではありませんから、それは言えませんよね。仮に言えたとしても、ありがちな宣伝文句では他社との違いを出しづらいでしょう。

あとは、使いやすさを訴求するなどが考えられます。ただし、それも平凡で埋もれてしまいそうです。

「じゃあ、どうしようもないよ」と思う前に、さっきまでお話しした**「連想」という技**を使ってみませんか。

私だったら、「毒」から連想します。

毒といえば「毒舌」。「この消毒液は、毒舌には効きません」と言って意地悪そうな人に吹きかけるポスターを作ってみる。

あとは殿さまの格好をして「毒味をしろ」って言って「大丈夫です」って、これをプシュプシュかける。「もう毒は取れました。毒は入っていません」。こんなCMも作れそうです。

これも**「毒」という言葉から「毒舌」「毒味」というワードを連想**し、それをどうPRに活かせるかということを考えた結果浮かんだやり方の例です。

ここまで、言葉で連想をつなげてきましたが、ここで応用編もご紹介しましょう。

「形」から連想してヒットが生まれた

それは**「形」で連想する方法**です。

明治製菓の人気お菓子「きのこの山」って、よく見るとイヤホンに似た形をしていませんか？　そこからヒントを得た商品「きのこの山ワイヤレスイヤホン」が2024年3月に発売され、用意した3500個は即完売の人気ぶりでした。

きのこの山で何か話題作りをしたいとなった時に、普通であればやはりパッケージを変えるとか、味を変えるとか「お菓子」というくくりから考えてしまいます。

そうした制約をとっぱらって、純粋に「形」から連想してワイヤレスイヤホンに至ったこの発想は本当に素晴らしいと思います。

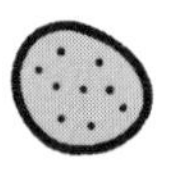

構造のコピー視点

あなたは「TTP」という言葉をご存じですか？

最近は、よく聞くようになりましたが、ご存じない方のためにご説明すると「徹底的にパクる」という意味です。T（徹底）T（的に）P（パクる）ですね。

最近は、若い人の間でもTTPは重要視されています。それが、成功への近道だからです。

中田あっちゃんこと、**人気ユーチューバーの中田敦彦さんもＴＴＰを実践した１人**。「中田敦彦のYouTube大学」は登録者数547万人（2025年4月段階）を超えるなど、すさまじい人気を誇っています。

しかし、スタートしたばかりでまだノウハウがなかった時には「メンタリストＤａｉＧｏさんなど既存の人気チャンネルのやり方を丸パクリした」とテレビ番組でも述べています。

第2の章でもお話ししましたが、この世に完全なオリジナルなどほとんどありません。ごくまれにゼロからイチを生み出す人がいますが、まさに天才の所業。あなたが、天才だという自覚がないかぎり、そんな大それたことを思わないほうが無難でしょう。

一見、**オリジナルに見えるものでも、その多くは既存のものをマネたものに、アレンジを加えています**。

例えば、有名な画家のピカソ。

「ゲルニカ」や「泣く女」などの独創的な作品を見て、多くの人は「これこそ天才だ、オリジナルだ」と思うかもしれません。しかし、そのピカソが、こんな言葉を残しています。

「優れた芸術家は模倣し、偉大な芸術家は盗む」

ピカソ自身、若い頃は見たものを模倣し、忠実に再現する写実性の高い絵を多く描いていたようです。模倣を限りなく繰り返すなかで、やがてオリジナルな手法を身につけていきました。

ここでいう模倣とは、いわゆるコピーのこと。「盗む」は、もう一段階上の話で、考え方を参考にしてオリジナルを生み出す、という意味でしょう。

視点を変える際にも、まさに「盗む」ということが重要です。天才でもなんでもない人の頭から出てくる考えなんて、たかが知れています。あなた1人で机の前でうんうん唸って、人と視点の違うオリジナルを生み出そうとしてもムダな努力です。

なかなか視点を変えられない時こそ、人から、あるいは**すでに世の中にあるヒット商品などから「アイデアの型」をもらう**といいのです。それが、構造のコピー視点です。

それも、自分のなかの少ない視点だけで行き詰まる状態から脱出できる、立派な視点の変え方です。

最初のほうでもお話ししましたが、私が放送作家として駆け出しの頃、会議で人と違う、番組で役に立ちそうな意見を求められてネタに窮していた時がありました。何か言わなきゃ、と焦るのですがいいアイデアが思いつかないのです。

何か面白いネタはないか、参考になることはないかと考えた時に、私が取った行動は、マンガ喫茶で人気マンガを読みあさることでした。

そのなかで、特に参考になったのが**『こちら葛飾区亀有公園前派出所（こち亀）』と『Dr．スランプ』**です。この2作品から「企画ってこういうことか」ということを学んだのです。

『こち亀』の両さんはいつもかなりずれています。実物大のフェラーリのプラモデルを作って、金持ちの部下である中川のフェラーリと交換して実物を売って儲けようとか、排気量１０００ccの軽自動車にトラックのエンジンを積んだら、早くて馬力が出るんじゃないかとか、面白い話がてんこ盛り。

そのままでは使えなくても「似ているけど中身が違うものをこっそり交換して驚かす」とか軽いいたずらネタもできそうですし、車のエンジンを別のものと積み替えてみるというのも、技術的に可能で公道を走らない前提であれば、どんな結果が出るのか見てみたい気もします。

他にも、財閥の跡取り息子なのに葛飾区の交番に勤務する中川や、普段は気弱なのに白バイに載るとグイグイ強気な性格に変貌(へんぼう)する本田とか、ギャップの振り幅が大きいキャラ作りも企画の参考になりそうです。

また『Ｄｒ．スランプ』では、ドラム缶のサイズのコカ・コーラを振ってみて、炭酸が吹き出す推進力で飛行機を飛ばすといった、これまでの発想を超えるネタがありました。

実際にある番組で、ドラム缶に炭酸を入れてみたらどこまで飛ぶか、という実験をしようという企画が通りました。ただ、実際にやってみたところ、上手くいかず結局お蔵入りになってしまったのですが。

「盗むのがいいのは分かったけど、丸パクリはしたくない」という方も多いでしょう。おっしゃる通りで、露骨な丸パクリは倫理的にも問題はありますし、場合によっては著作権に抵触する恐れもあります。

では、どういうやり方がいいのか。

大事なのは、**「形」ではなく「考え方」をマネる**ことだと思います。『こち亀』や『Dr．スランプ』から学んだのは、「似せる」「似た人を出す」「デカくする」「改造する」といった考え方の骨子です。

中田敦彦さんだって、TTPとはいってもあくまで手法をマネたということで、服装や色や効果音などまで全部同じにした訳ではないでしょう。

例えば、**私がネット広告を手掛ける時にはよくクイズ形式にします。**

テレビでは、クイズは人気番組の1つです。なぜかといえば、クイズだと答えが分かるまで視聴者がチャンネルを変えないからです。

それに、人間は何かを聞かれたら、それに答えたくなる心理があります。やはり、ネットの広告もただ単に出しただけでは、クリックしてもらえません。「ＡＢＣのうち、あなたはどれだと思いますか？」と問いかけたほうが、断然クリックしてもらえます。

こうした人間の心理をうまく使って、まずはクイズで興味を持ってもらいます。私が放送作家としてクイズ番組の作り方を知っているから、それを上手く応用したわけです。

また、私は企画書を作る時も、Ｑ＆Ａ形式で構成することがよくあります。そのほうが、読むほうも読んでいて面白いし、分かりやすい。同じような内容であったとしても、ダラダラ長い文章を読まされるような企画書では、通るものも通らなくなります。

●いちご大福はショートケーキの「構造」だけマネた

ビジネスで構造をコピーする、といった時に参考になる事例があります。

人気のお菓子**「いちご大福」**です。

いちご大福は、実はわりと昔からある商品ではなくて、１９８０年代が発祥です。大福ですからカテゴリー上は和菓子なのですが、別ジャンルの商品の影響で生まれたのです。何だかお分かりでしょうか。

実は、**洋菓子の「いちごのショートケーキ」を参考にして生まれた**と言われています。言われてみれば、「いちご＋甘いもの」ですから、考え方は似ていますよね。

ただし、丸パクリではないのはお分かりいただけると思います。

まずは、「いちごのショートケーキ」がなぜ人気なのかを考えてみて、

・酸味と甘みのバランス
・いちごの赤さと、クリームの白さがかわいい

「構造」だけマネて大人気商品に

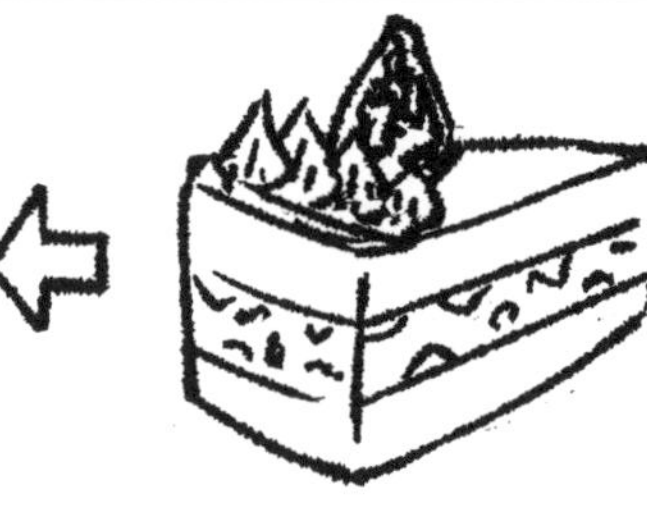

という**考え方を抽出したならば、それを和菓子でどう表現するのか**、ということに視点をずらしてみればいいわけです。

いちごは残して、甘みはあんこで、白さは求肥（ぎゅうひ）で表現すれば、パクりだけど丸パクリじゃない商品ができ上がります。

既存のものを参考にして、視点を変えてビジネスを発展させた例は、数多くあります。あなたも「パクリ」などとしり込みせずに、どんどん人気作品の構造をコピーしていきましょう（念押ししますが、丸パクリはダメですよ！）。

そうしたビジネスのなかには「本家」を超える広がりを見せるものもあります。

大手コンビニの「セブン－イレブン」が、もともとはアメリカ発祥であることをご存じの方も多いでしょう。日本上陸後に独自のノウハウを蓄積して売り上げを伸ばし、現在では、そのノウハウをアメリカに逆輸入しているそうです。

単にアイデアを参考にするだけでなく、その先の創意工夫で、いくらでも成長の余地があるという実例でしょう。

構造をコピーするという方法は、もっと幅広く使えます。

例えば、求人。職種によっては人が集まりにくいケースがあると聞きます。飲食業などは常時、人手不足だと聞きます。こういう時に、普通に考えると「給料を上げよう」とか「休みを増やそう」とします。ただ、他の会社でも同じような対策は打つでしょうし、それだけではなかなか決定打になりません。

そこで、問題です。

【問題】あなたの職場で募集をかけてもなかなか人が集まらない、という悩みがあったとします。どうしますか？

まずは、参考になるものがないか調べます。

例えば、三和交通というタクシー会社がＴｉｋＴｏｋでコミカルな動画を流して採用につなげているということを知るでしょう。メディアにも取り上げられて話題になりました。タクシー会社のネクタイを締めたエライおじさんがコミカルなダンスを踊る。時には激辛料理を食べたりもしている。タクシーや仕事に関連する動画はいっさいありません。そんな投稿が若者に大ウケしています。

タクシーもやはり人集めには苦労する業界です。特に、社員の高齢化が進んでいるそうです。しかし動画をきっかけに若者にも興味を持ってもらえて、かつては３～４人しか決まらなかった新卒採用が、20～30人にまで増えているとのこと。

こうした例は、参考にしやすいですよね。

ＳＮＳなら、基本的には元手はほとんどかかりませんから、成功例を分析して、自社の採用活動にも活かせます。

この方法で**コピーすべき構造のポイントは何でしょうか。それは「楽しそう」な雰囲気作り**だと思います。人が働く理由は基本的には生活のため。たしかにそうですが、それだけではないでしょう。人によって、生活＋αの部分でいろいろあるでしょう。それを想像すれば、やりがい、社会貢献、楽しさなど軸が出てきます。

もし、三和交通さんの方法を参考にするのであれば、**「どうやったら自分の職場の楽しさを表現できるか」**ということに尽きます。事例がネクタイをつけて踊っていたからといって、それとまったく同じことでなくてもいいのです。オリジナルなやり方で、楽しさを若者にアピールできるのであれば、それでいいと思います。

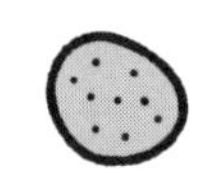

便乗視点

あなたが、**自分の会社の新商品開発会議に出席した**とします。

次のような展開は「あるある」じゃないでしょうか。

新たなヒット商品を生み出すべく、会議がスタートしたものの意見はあまり出ずに、活発な議論が交わされる様子はありません。

痺(しび)れを切らした上司が、あなたを指名して「君はどう思う?」と聞いてきました。

正直、いいアイデアはありません。

苦し紛(まぎ)れに、**その場の思いつきでいくつかの案を出してみるものの、周囲の反応も微妙**です。

「うーん、それじゃダメだよ」と上司からのきついひと言。

会議は盛り下がるし、あなたの評価も下がるし、散々な結果です。

こういう時、どうすればいいのでしょうか。

凡庸な意見では埋もれてしまいますし、かといって突飛な意見を言っても、ただ突飛なだけでは採用される確率は低いでしょう。

ニーズを押さえつつ、それでいて人とは視点をずらした、新しい意見を言いたいところです。

こういう時に有効なのが「便乗視点」です。

例えば、この会議が新しいコンビニスイーツの開発だったとしましょう。

あなたの先輩か上司にあたる人が「最近は、もちもち食感の商品が売れているそうです。もっちり大福なんてどうでしょう」と発言したとします。

「なんか、ありきたりだな」と思って、それに対抗して、斬新なアイデアを無理やり出そうとしても、評価されるような商品にするのは難しいと思うのです。たとえ「カチカチ」なスイーツを提案しても、煎餅(せんべい)ならともかく、それ以外の商品ではあまり上手くいかないでしょう。

ここは1つ、「**もちもち」に乗っかってみましょう。**

乗っかるということは、オリジナリティーがないことだと思いますか？　私は逆だと思います。むしろ、みんなの賛同と、新しい視点を得られる可能性が高いのです。

もし、先ほどの「もっちり大福」に乗っかるとすれば、「もっちり」を残しつつ、他の展開ができるかもしれません。「もっちりティラミス、もっちりプリン、もっちりシュークリーム、もっちり煎餅、もっちりアップルパイ、もっちりチョコレート、もっちり羊羹（ようかん）……」。

このようにして、どんどん発想を広げていきましょう。すべてが使えるわけではありませんが、そのなかに、使えるアイデアが1つ、2つ見つかるものです。

ここで、1つ問題です。

【問題】あなたが上司からティラミスの新商品開発を任されたら、どうしますか？
少し考えてみてください。

いろんな考え方があるでしょう。

1つひとつの食材にこだわったティラミスを作る、ココアパウダーの代わりに抹茶をかける、中華風ティラミスを作る……など、さまざまな方法があると思うので、絶対にこれが正解というものはないでしょう。

ここでのテーマは「便乗」ですので、それに沿って考えましょう。

私だったら、こんな乗っかり方をします。

最近、バウムクーヘンの「切れ端」が人気です。切れ端といっても、味は普通の商品と何ら変わりません。形を整えてカットする際にどうしても出てしまう切れ端だけを集めてパッケージにして安く売っているわけです。形はふぞろいですが、お得感がありますよね。人気銘柄の切れ端などはかなりの人気のようです。

そこに乗っかってみたのが、**製造過程で失敗したティラミスだけを集めた「ティラMISS」**です。もちろん味は普通の商品と変わりません。量も通常より多めで、しかも安く売ります。もちろん、失敗という意味の「ＭＩＳＳ」と掛けていますから、連想ゲーム視点も使っているわけです。

なぜ、こうした「便乗視点」だと優れたアイデアが出せるのか。

いくつかの理由があります。

1．ヒットしやすいという「保証」がある

すでに世の中で成功しているものに「乗っかる」場合は、意見が受け入れられやすいでしょう。実績があることで、説得力が増すからです。

2．ゼロイチで考えなくていい

今までにない斬新な意見を出そうとするとハードルが高いもの。アイデアがどんどん湧き出るタイプの人でないかぎり、やめたほうがいいでしょう。

そもそも、世に出ている商品やサービスのほとんどは、何らかの形で「乗っかって」いるものです。純粋なオリジナルなアイデアなどありません。

3．他者のアイデアを否定しないので、会議が活性化する

あなたの上司や先輩が、何か意見を言った時は、すかさず便乗しましょう。

「さっき○○さんが言ったアイデア、すごくいいので、少し広げて考えてみました」と言って乗っかったほうが、議論が活性化します。

会議の時に、互いにダメを出し合うような展開になると、だんだんと誰からも意見が出なくなります。やがて、何のための会議だったのか分からなくなってしまいます。

乗っかるということは、議論を活性化させる意味もあります。どんどん出していきましょう。


「乗っかる」ことの大切さを訴えているのは、私だけではありません。

来場者数150万人を突破した人気アミューズメント施設「うんこミュージアム」を企画したり、社員の給与の上乗せをサイコロで決めるといったユニークな試みで知

られる「面白法人カヤック」という会社があります。

カヤック創業者、柳澤大輔さんはインタビューのなかで「自分1人でアイデアを思いつこうとしても、変わったものは生まれない。しっかり人のアイデアに乗っかった結果、自分では思いもつかないものが生まれる」という趣旨のことを述べています。

カヤックさんは、常に新しい試みで注目を集め、メディアにも取り上げられることも多い企業ですが、その背景には「乗っかる」ことを良しとする企業風土があるようです。


また、**「流行に乗っかる」**というのも有効な便乗の手段です。

これは2匹目のドジョウを狙うということではなく、**「同じ路線でちょっと違う」**という考え方です。

私が以前、旅行会社のキャラクターで熊をモチーフにしたものを作ったことがあります。なぜ、「熊」なのか？　それは、熊本県の人気キャラ「くまモン」をはじめ熊の人気キャラは多数あるからです。すでに「愛される」ことが確定しています。そこで「熊」に乗っかったわけです。

「熊はありふれていていやだ。ここは1つ誰も使ったことのないオランウータンで勝負」とか「手あかのついた案は出さないのがポリシー」という考えはやめたほうがいいでしょう。

まず、間違いなく外します。すでに実績のあるものに乗っかって、そこから少しだけずらすのがコツです。熊でありながら、くまモンなどとは、目の形が違うとか、体の色が違うとか、もっとフサフサで柔らかそうとか。

180度違うものを出そうとしても、なかなか当たりません。あくまで熊でありながら、くまモンなどの人気キャラからちょっとだけずらす。**180度ではなく、10度くらいずらすイメージです。**

では、ここで1つ問題です。

【問題】あなたの会社で、「新商品のティッシュ」のネーミングを考えることになりました。どんな名前を提案しますか？

ただ何となく、ぼんやり考えると「やわらかティッシュ」とか「ふんわりティッシュ」というような、誰でも思いつきそうなものしか出てきません。

なぜかといえば、ティッシュと言われて、すぐに思いつくものでしか考えていないからです。つまりこの場合、**着眼点が誰でも思いつきそうな2つのものしかないわけです。これでは視点の数が少なすぎます。**

視点を広げるには、自分の思いつきだけで話すのではなく、すでに店頭に並んでいる、誰もが知っている人気商品を思い出してみましょう。つまり「乗っかる」わけです。

自分の思いつきのみで考えて上手くいくのは、天才だけです。あなたが天才でないのであれば、まずは、自分の外から発想の種となる何かを持ってきましょう。

人気商品には、消費者の心の琴線に触れる何かがあるということ。そういったものは、おおいに参考にしてください。有名なところでは「シルク」を使った「シルクソフトローションティッシュ」（ユニフリー）という商品があります。この「シルク」にあたるところを、別の何かに変えればいいわけです。

シルクが人気なら、**少しずつ似たものに視点をずらしていきます。**シルクといえば高級なイメージですから、同じく高級そうな「ゴールデンティッシュ」「ダイヤモンドティッシュ」などが思いつきます。

もっとも「おいおい、硬そうな言葉ばかりでティッシュから離れていくよ！」とツッコミが入るかもしれません。じゃあ、次なる高級イメージで「田園調布ティッシュ」「芦屋ティッシュ」とかどうでしょうか。あるいは「ハリウッドティッシュ」とか。「いやいや、さっきよりもっとティッシュから離れちゃったじゃん！」

またまたツッコミが入ったので、ではハリウッドから連想して「セレブティッシュ」とかどうでしょうか。

ここで、勘のいい方ならピンときたと思いますが「鼻セレブ」（ネピア）という人気商品が実在します。ほとんどの人が、コンビニ等で一度は目にしたことがある、言わずと知れた大ヒット商品です。

私は、「鼻セレブ」という商品が具体的にどのような経緯で生まれたのか詳細は存じていませんが、聞いたところによると１００案近く出された名前のなかから選ばれたそうです。

このように、**視点をずらしていけば、１００案募集しなくても、1人で連想しながらいい考えにたどり着く可能性はある**のではないかと思います。

ちなみに、「鼻セレブ」は発売当初は別の名前で、「モイスチャーティッシュ」だったそうです。「鼻セレブ」に商品名を変えたことで、売り上げは10倍に上がりました。

もう1つ、おまけで言いますが「ゴールデンティッシュ」という名前のティッシュはありませんが、箱の色をゴールドにして高級感を演出した商品は実際にあるようです。

ちなみに、**便乗するのは流行や人気商品だけではなく、イベントなどもアリ**です。

4G携帯が世に出たばかりの頃、富士山の頂上に某携帯電話会社のアンテナを建てたこともあります。

7月1日に富士山の山開きがあるのを知り、当日に業者を連れて登ってアンテナを設置したのです。それまで、富士山の山頂で写真を撮ってもすぐにSNSにアップできなかったのですが、アンテナを設置することで回線速度が速くなり、設置後はその場で容易にアップできるようになったのです。

ちょうどフェイスブックが流行っていた時で、私は富士山から投稿したら面白いと思って企画提案をしました。日本一の山でつながるということは、日本一つながりやすいというイメージをアピールできるので、当然、話題にもなります。しかも、山開きの日ですから話題性は抜群です。

事前にリリースを発行してテレビの取材チームも同行していたので、アピール度は段違いでした。広告効果に換算すれば、数千万円レベルになったと思います。

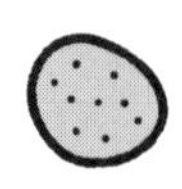

クロス視点

いきなり質問ですが、あなたは「明太子パスタ」は好きですか？

人気のメニューなので、好きという人は多いでしょう。

「私は魚卵が苦手なんです」という人がいらっしゃるのでしたら、「バター醤油パスタ」や「しめじとベーコンの和風パスタ」はどうですか？　どれも人気のメニューなので、全部嫌いだという人は、さすがに少ないんじゃないでしょうか。

これらのパスタの共通点、分かりますか？

そう、**「和風」**です。

パスタといえば、本場はイタリア。日本に持ち込まれたのは明治時代、日本で調理されるようになったのは大正時代といわれていますから、だいたい100年くらいの歴史でしょうか。

日本での歴史がスタートしたといっても、長い間パスタは日本人にとってなじみの薄い料理でした。日本人に本格的にパスタが食べられるようになったのは戦後のこと。そのきっかけの1つが、1953年（昭和28年）に東京・渋谷で開店したスパゲッティ専門店「壁の穴」が開発した、和風パスタだといわれています。

誕生のきっかけは、ささいなことでした。当時の常連客から、海外出張で持ち帰ったキャビアを使ってパスタを作ってほしい、と依頼され作ってみたところ大変美味でした。

しかし、キャビアは高価なので、代わりの食材として明太子に目をつけたところこれが大ウケ。そこから着想を得て、他の和風食材である高菜、しらす、海苔……などを試していったのです。今ではどれもパスタにおなじみの食材となっていますね。洋と和のクロスで、その後も次々とヒットメニューを生み出していきました。

このように、**異質なもの同士を掛け合わせるというのは、視点を変えるうえで、定**

異なるものの組み合わせで新しい価値が生まれた

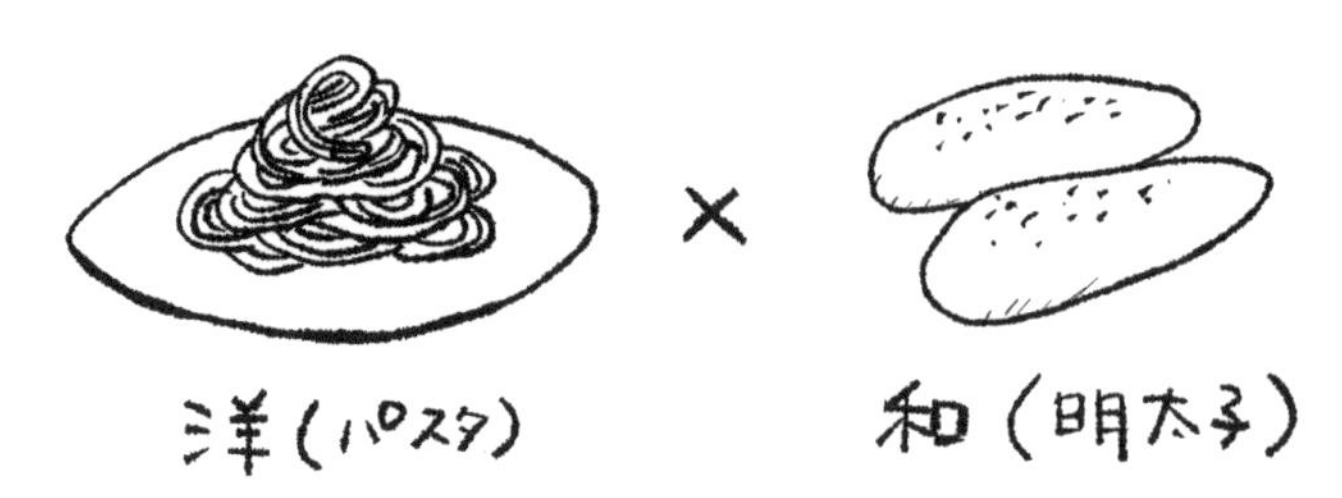

番の方法の1つです。

パスタで新商品を作ろうとした時に、視点を変えられない人の「あるある」は、「パスタはイタリア料理」という固定概念にとらわれていてなかなか抜け出せないケースです。それでは、せいぜいイタリアの食材か、あるいは洋風な食材との組み合わせしか思いつかないでしょう。新商品の開発は行き詰まってしまいますし、無理に新しい組み合わせを作ったとしても、日本人になじみの薄い食材同士では、広く受け入れられるかどうか、難しいところです。

当時の日本人に人気の食材だったからこそのヒットです。

このポイントを押さえれば、アイデアは出しやすくなります。

例えば、最近のヒット商品で**累計10億本を売り上げたといわれる「ヤクルト1000」**。テレビで紹介されたのをきっかけに、一時は店頭から「蒸発する」と称されるほど、すぐに売り切れてしまい、社会現象にもなりました。

ポイントは**健康にいいイメージが昔からある「乳酸菌」と、社会的にニーズの高い「睡眠」との組み合わせ**です。

ある調査によると、日本人の8割は自分の睡眠に満足していないそうです。そんな悩みに対して、乳酸菌を使って睡眠の質を改善するという提案は「効きそう」というイメージを持たれたのだと思います。

直接的なきっかけはタレントのマツコ・デラックスさんがテレビで話題に取り上げたことだったかもしれません。ただ、テレビで紹介されて一時的に売り上げを伸ばしても、すぐに落ち込んでしまう商品は数知れません。「ヤクルト1000」は、そもそも潜在的なニーズがあったところに、いいイメージの素材を掛け合わせたことが、爆発的なヒットを生み出したと思います。

丸亀製麺が、2023年5月に発売した「丸亀シェイクうどん」も見事なクロス視点の例です。これは**うどんとファストフードをクロスさせた**ことにより、手軽にイートインの味を外でも食べられるようにした発想です。発売3日で20万食が売れるヒット商品になりました。

今ある商品の売り方を変えただけですが、カップに入ったうどんと具は斬新で、SNSでもバズりました。

さらに「丸亀うどーなつ」は発売1カ月で400万食を突破しました。丸亀製麺は「しょっぱいうどんを食べたら、甘いものが食べたくなるよね」ということで、これまでにおはぎや水羊羹、わらび餅などを販売してきました。しかし、仕入れて美味しいものではなく、お店で手作りの美味しさを提供しようと、丸亀ならではのものを開発したのです。

「うどんのもちもち感＋新しい価値（新商品）」を提供しようと、すでにあるうどん粉を使って、食のワクワク感や楽しさ、意外性のある感動体験という、会社が目指している本質（ルール）は守り、「うどーなつ」を間食市場にずらしていくことにより、ヒットを生んだのです。

●コンビニの人気商品も「クロス視点」で生まれた

私も、クロス視点で、難しい仕事を乗り切った経験があります。

あるクライアントさんから新商品発売の記者会見をするので、効果的な方法はないかと相談を受けました。そこで新しい記者会見の方法はないかと考えたのです。

よくある会見ではビシッとスーツで決めて、笑顔で記者の質問によどみなく、会見の先にいるお客さま（ユーザー）のためにやさしく丁寧に話しかけることが大事です。でもそんなのは当たり前。では、会見にご当地キャラクターのような着ぐるみを横に立たせるか、それとも何か新しい格闘家のようなマイクパフォーマンスをするか、いろいろ考えましたが、どうもクライアントさんの会社のイメージと合いません。

そこで、思いついたのは**「ファッションショー」とのクロス**でした。

ファッションショーは、多くの人がテレビなどで目にしたことのあるなじみぶかい人気のあるコンテンツ。それに、ファッションショーはモデルが着ている服をいかに欲しいと思わせるかが目的です。これって、新商品を知ってもらう最高の方法ではないかと思ったのです。

このファッションショーの様子は、同じモデルが違う服をいくつも着てランウェイを歩きます。この方法を記者会見にずらすことで考えついたのは、**「記者会見の途中で服を何回か着替える」**ということでした。

例えば、1人の人が映っている時間が5秒だとすれば、3回着替えると15秒、10回着替えると1人の人が50秒も映ると考えたわけです。

結果的に、違う服を着たクライアントさんの姿が何度も放映されました。それだけでなくSNSなどでも拡散されて、露出回数が格段に増えることになったのです。

では、ここでクロス視点の実践編に移りましょう。

【問題】最近消費が低迷しているといわれる「豆腐」を、もっと多くの人に食べてもらうにはどうしたらいいでしょうか。

ちょっと考えてみてください。

「えー、豆腐かあ、豆腐といえば冷ややっこと湯豆腐くらいしか思いつかない」
「何を使えばいいのかな、納豆をかける方法はすでにあるし、他の食材との組み合わせといっても、特に思いつかない」
「甘い豆腐とかどうかな……。まあ、でも杏仁豆腐がすでにあるし」
「若者ウケを狙って映える豆腐とか、赤やピンクの豆腐とかどうかな、けどマズそうかな?」

いろいろ悩みますよね。

この答えについては、すでに豆腐メーカーとして大ヒットを連発している、アサヒコさんの事例が参考になりそうです。みなさんもコンビニ等で目にしたことがある**「豆腐バー」**を開発した会社です。

豆腐バーは累計７５００万本も売れているそうです。

この豆腐バーはなぜヒットしたのか。小さくて手軽なことも理由の１つかもしれませんが、それだけではありません。商品開発を担当した、現アサヒコ社長の池田未央さんがテレビ番組の取材で語ったところによると、**「豆腐は売れていないけど、タンパク質の市場は10年で3倍に伸びている」**ことに気づいたのが、アイデアのきっかけだったそうです。

手軽に摂れるタンパク質として、コンビニ等で先行してヒットしていたのが「サラダチキンバー」でした。そこで、**サラダチキンバーの考え方×豆腐のクロスで、通常の豆腐より固くて小さくて、片手で手軽にタンパク質の補給ができる商品を発売した**のです。

まず、市場があることを確認して、そのうえでその市場で売れている要素を掛け合わせるというヒットの方程式がここでも通用しています。

また、アサヒコさんは美味しさにこだわったワンランク上の豆腐として「職人豆腐（クラフト）」を発売しました。これも、大手ビールメーカーの大量生産品では対応できない、丁寧でこだわった「クラフトビール」を参考にしているのは明白です。

同じく豆腐の世界で大ヒットした相模屋食品さんの「ザクとうふ」は、まったく畑違いの**人気アニメ『機動戦士ガンダム』に登場する「ザク」というモビルスーツと豆腐の掛け合わせ**です。

かなり遠いところからネタを持ってきた思い切った方法ですが、男性客を中心に発売から2カ月強で100万個も売れたのです。ただし、この場合も、中高年男性を中心にすでに絶大な支持があるアニメである、ということは前提でしょう。

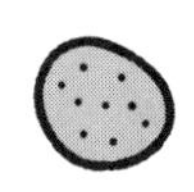

偉人視点

あなたが忘年会の幹事を任されたとします。そして、会社から忘年会の予算もいただきました。毎年恒例のビンゴ大会での当たり商品は社員も楽しみにしており、何をプレゼントにするか幹事の腕の見せどころです。

でも、センスが問われるので何を買えばいいか悩むところです。みんなが欲しくて喜ばれるものって何だろう。もう忘年会の日の1カ月以上前から頭を悩ませることでしょう。

一番手っ取り早いのは、社員にそれとなくリサーチすること。「Aさんはゲーム機が欲しい」「Bさんは旅行に行きたい」「Cさんは旨いものが食べたい」……。これでおおよそのプレゼントはイメージできます。

ただし、全員に聞いて回るのも面倒で時間も足りないでしょうし、すべての欲求を満たせるわけではありません。

ここで重要なのは、「お子さんのいる家庭なら、これが喜ばれるだろう」「最新の家電製品であれば、どんな人も喜ぶだろう」という、「他人ならどう思うか」という**「他人視点」**で発想することです。

視点を変える場合、この**「他人視点」を「偉人視点」に置き換える**だけで、自分には思いつかないような考え方が生まれます。

例えば、「孫正義さんならどう考えるだろうか」とか「豊臣秀吉ならどう考えるだろうか」と、偉人ならどう考えるかに頭をシフトしてみるのです。

もし、偉人がピンとこないのであれば、マンガやドラマのキャラクターでもいいのです。「ドラゴンボールの孫悟空なら、こんな時どうする?」「スラムダンクの花道だったら、流川だったらどうするだろう」、これでもかまいませんよ。

なぜ、この方法は効果があるのかというと、他人の思いを考えることによって、自分にはない視点に気づくことができるからです。その効果は次のようなことです。

1. 自然と視点が切り替わる

彼らの考え方や行動は仕事だけではなく人生においてもおおいに学ぶことができます。例えば、アイデアに煮詰まった時、あなたはどうするでしょうか。ネットからさまざまな情報を検索し、一生懸命分析しても人と違うアイデアさえ浮かんでこない。ならば、坂本龍馬だったらどう考えるでしょうか。おそらく「万事、見にゃわからん」と言って外に飛び出して行くことでしょう。そこから発想のヒントが生まれることなどたくさんあります。その時、「机の上では何も解決しない」ということに気づき、街から人から多くのヒントを得られるかもしれません。

2. 今よりも大きな（大胆な）考え方が生まれる

「孫正義さんなら」とか「田中角栄なら」と、とにかく固有名詞を挙げていくと、人とは違う意見になります。大きな功績を残した人の発想は、だいたい話のスケールも大きい。すると、より大きな視点から考えることができるようになります。


ホンダの創業者、本田宗一郎というすごい人物がいます。

本田さんは、別に学があるわけではなく、自転車にエンジンをつけたバイク作りから会社を興しました。試運転には奥様を使って、油まみれになって帰って来る妻を見て改良に挑んでいました。しかも、その頃からアメリカに上陸するぞと言って、開発のためにはお金をじゃぶじゃぶ使い、助手兼妻の奥様はお金に苦労しています。

そんな本田さんが「世界のホンダ」になった時のこと。

多くの経営者たちが神戸の有馬温泉に集まり、本田宗一郎氏の講演会が開催されたことがありました。本田さんと酒を酌み交わしながらいろいろと話ができるとあって、高い会費をはたいて参加した経営者たち。

その夜、やっと登場した本田さんは開口一番、

「みなさんは何をしているのか！　温泉に入って浴衣を着て、そして経営を学ぼうとは、あまりにも悠長だ。そんな暇があるなら、早く会社に帰って自分の仕事を一生懸

命すべきだ」

と冒頭から強烈な言葉を投げかけたのです。

そこに集まった経営者は茫然(ぼうぜん)としていましたが、そのなかに「なんてすごい方なんだ」と感銘を受けた人がいました。

その人こそが京セラの創業者、稲盛和夫さんでした。

この話を知って、私は捉え方の違いだと痛感しました。「経営者は現場が大事。こんな温泉宿にいる自分はなんてバカなんだ」と稲盛さんは気づいたということです。

本田さんもすごいですが、稲盛さんもすごい人です。

本田さんが、多くの功績から勲一等瑞宝章を受章することになって、皇居に行くことになったことがあります。その時に、「俺は現場で生きてきて普段からスーツなんか着ないから、一張羅(いっちょうら)の作業着を作ろう」と言ってめちゃめちゃ高価な作業着を作ったのです。

でも、宮内庁が、「頼むから燕尾服でご出席ください」と泣きを入れたそうです。本田さんは「これが俺の正装だ」と最後まで言い張っていたそうですが、最後はしぶしぶ燕尾服で参加したのだそうです。

私は軸はブレちゃいけないということを学ばせていただきました。

これは、人とは違う考え方を持つという時の大事な考え方の1つです。人とは違っても軸だけはブレちゃいけない。これって言い換えれば、**人生に真剣に向き合っているかどうか**ということです。

自分の仕事はもちろんのこと、例えば釣り好きな人が釣った魚の名前が分からないということはありません。ポルシェが好きな人がポルシェ911とポルシェカイエンを間違えることはありません。香水が趣味という人はシャネルとディオールの匂いはすぐにわかります。

それは会議でも打ち合わせでもいいです。何かを究めている人はそれだけで人とは違う自分になれます。

「偉人視点」とは、「○○なら○○するだろう」と、多くの偉人たちの考え方を自分のなかに取り込んでいくうちに、いつの間にかプロフェッショナルとしてのあなたが誕生しているという、簡単な視点の変え方です。

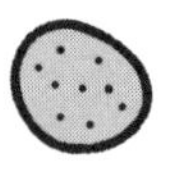

7つの視点で「石の売り方」を考えてみた

ところで、本書のタイトルは『道ばたの石ころ どうやって売るか？』です。そこで、この章でご紹介した7つのテクニックで、最後に、実際に石の売り方を考えてみましょう。

道ばたの石を**「極端振り切り視点」**で売るとしたら、どんな方法があるのか？

これは人から聞いた話ですが、海外で実際にただの石ころをものすごい高値で売った人がいるそうです。

その人は何をやったのか？　拾ってきた黒い石をピカピカになるまで磨いて形を整えて、知り合いの宝石商の店先で本物の宝石と一緒にショウウィンドウに並べたのです。

名前は「ブラック〇〇」みたいな名前を適当につけて、値段は隣の宝石よりほんの少し安くしました。安くしても、宝石と似たような値段ですから結構な高値です。にもかかわらず、本当に売れたとのこと。真偽は分かりませんが、着眼点としては面白いなと思います。

「分解ずらし視点」ではどうでしょう。

石だって分解すればいろんな要素に分けられます。

素材、形、大きさ、重さなど。例えば、「素材」に着目すれば、熱を持ちやすい素材の石であれば、石焼き料理に使えます。秋田県の郷土料理に「石焼き鍋」があります。焼いた石を鍋に入れて煮るという独特のスタイルで人気です。身近なところでは、石焼き芋もそうですね。

「石焼き料理にぴったり」なんて売り出し方はありそうです。

「連想ゲーム視点」であれば、私だったら、「意志が強くなる石」とかにします。

実際に、いわゆるパワーストーンとして売られている石には「意志を強くする」という謳い文句のものがあります。もっともそれらは、見た目にもきれいな、いかにもパワーがありそうな石ですが、道ばたの石であったとしても、例えば神社でご祈祷をお願いすれば、「意志が強くなるパワーのこもった石」と言えるかもしれません。

「勝運のパワースポット」として知られる神社は全国にあるそうですから、1つの例として、そういった神社にお願いしてみるのも手かもしれません。

「構造コピー視点」を使うなら、やはり、まずは似たような事例を参考にするといいでしょう。

ネットやフリマアプリでは、結構意外なものが売られています。前に言及したアイスの棒や、他にもトイレットペーパーの芯は工作用で売られています。石も、子どもの工作や大人のアートの素材として売るという方法はあり得ると思います。

「便乗視点」なら、例えば、「映え」を意識して、ペイントアートで石をかわいくデザインして、ＳＮＳで発信するなどの方法があります。

それで、ふと思い出したんですが、１９７０年代にアメリカで「ペットロック」がブームになりました。文字通り、目つけた石をペットに見立ててかわいがるという、今にして思えば不思議な玩具でした。石をお風呂に入れたり、石にベッドを用意して寝かせたりしていたとのこと。

日本でも１９７７年に発売されています。５００万個以上売れて、発案者は6億円以上儲けたそうです。

実は、２０２１年頃から、韓国でペットロックのブームが再燃しているらしいのです。

人気アイドルが自分のペットロックを公開しているのだとか。今や韓流は日本の若者に多大な影響を与えています。それを考えると、韓国でのブームが日本に飛び火する可能性もありますね。


「クロス視点」なら「石×占い」とかどうかなと思います。

占いといえば、水晶玉です。さすがに水晶の代わりに道ばたの石、とはいかないと思いますが、例えば、形や色の異なる石をランダムにいくつか用意して、どれを選んだかで運勢を占うというような方法はありそうです。

占い用の石として売ってもいいですし、自身が占い師として「石占い」をしてお金を稼ぐ、という方法もあります。


「偉人視点」で、石を売るのはなかなか難しいですけど、例えば、あの「くまモン」を生み出した小山薫堂さんになり切って、やっぱり「くまモンペイント」の石を売る、ですかね。まあ、小山薫堂さんご本人だったら、もっと面白いことを考えるでしょうけど。もちろん、くまモンの石をそのまま売るのは著作権的にNGでしょうけど、そのアイデアをもとに石に何かのキャラクターのペイントをほどこすという発想は活かせます。アート作品としてはアリですし、先ほどご紹介した「ペットロック」の文脈につなげて、癒しグッズとして売ってもいいんじゃないでしょうか。

すごい人の目線で考えてみることで、「自分ひとりだけでは思いつかない発想にたどり着く」ことができます。それがベタな考えであったとしても、そこからさらにアイデアを展開させていくことはできます。

以上、この章で紹介した7つのテクニックを使って、**「道ばたの石ころ」だって、お金に換える**ことができます。

これまでなかなかアイデアが浮かんでこない、1人でうんうん唸ってばかりだった方も、これら7つのテクニックを使って、楽しみながら仕事に挑戦していただければと思います。

第5章

視点が変わると
生き方が変わる

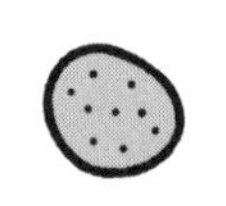

視点を変えれば「自分が輝ける道」が見つかる

これからの時代は、フリーランスだけでなく会社勤めの人であっても、人とは違う「自分だけの立ち位置」を見つけることは重要です。そうすれば、代わりの利かない人材になれますし、あなたがどんな発言をしようとも、「あの人だから信頼できる」「あの人の言うことは間違いない」と思われます。

では、そうした**自分だけの立ち位置、言い換えれば「自分の生きる道」をどうしたら見つけることができるでしょうか。そうした悩みにも、「視点を変える」思考法は有効**です。

私が駆け出しの放送作家だった時に、会議についていけなかったお話をしました。

参加者がみんな、とにかくものすごい勢いでしゃべるのです。もう33回転のレコードを45回転で聞いている感じでした。

私は学生時代に地元の名古屋で、アルバイトではありますがテレビ番組の制作に関わったりしていましたから、少しは自信がありました。でも、東京でテレビ番組の会議に出た瞬間、「東京と名古屋はこんなに違うんだ。高速道路を横断しているようだな俺。これはもう死ぬぞ」と思ったくらいです。

半年間は減っていくお金とも闘いながら、何とか食いつなぐ生活をしていました。タンカを切って東京に出てきたし、名古屋に帰るにも恥ずかしい。そこから**面白さって何だろうと真剣に考えました**。

努力を積み重ねて、徐々にヒットを生み出すようになって、放送作家と呼ばれる位置に登ることができたのですが、次の壁が待っていました。それは私がどうやってもかなわない人たちの存在です。

テレビ業界にはすごい方がいて、たとえば小山薫堂さん、秋元康さん、おちまさとさん、鈴木おさむさんなど、これはどうやったってかなわないなという人が業界のトップに君臨しているのです。

私もこの業界でかなり登り詰めたけど、さすがに彼らのような頂点にはいけないと思った時に、視点を変えて考えてみました。

放送作家で頂点を極めるのが無理なら、別の山を登ろうと思ったのです。そこで思いついたのは、放送作家がまだ誰も目をつけていなかった**「ビジネスに放送作家としてのノウハウを活かす」**ことです。

このビジネスの山は、おそらく放送作家で登っている人はほとんどいないと思います。もしも私が放送作家業界の山を登り続けていたとしても、その頂上の景色を見ることはできないかもしれません。でも、**違う山を登り始めて頂上を目指す位置につけた**のです。

この考え方は、あなたがその世界で「人とは違う自分」を探す際のヒントになります。

例えば、あまたの経営者が目指す山を仮に富士山だとします。２０２２年の国税庁の調査によると、全国に法人数は２９１万５０００社近くあります。仮に２９０万人の社長がいるとしましょう。富士山は２９０万人が登っている山です。

このうち６割が赤字の会社といわれています。つまり、１７４万人が６合目までにひしめき合っています。５合目までバスで行けますから、ギリギリ赤字の社長も登り始めてちょっとのところです。

残りの４割の社長は頂上を目指して登っているわけですが、仮に同じ速度で登っているとするならば、９合目まで登っている人が約１２３万人、９合目から頂上を目指している人は約３万人です。

ただし、**富士山の頂上から眺めている〝兆〟という年収を稼ぐ社長は、たった５人**です。

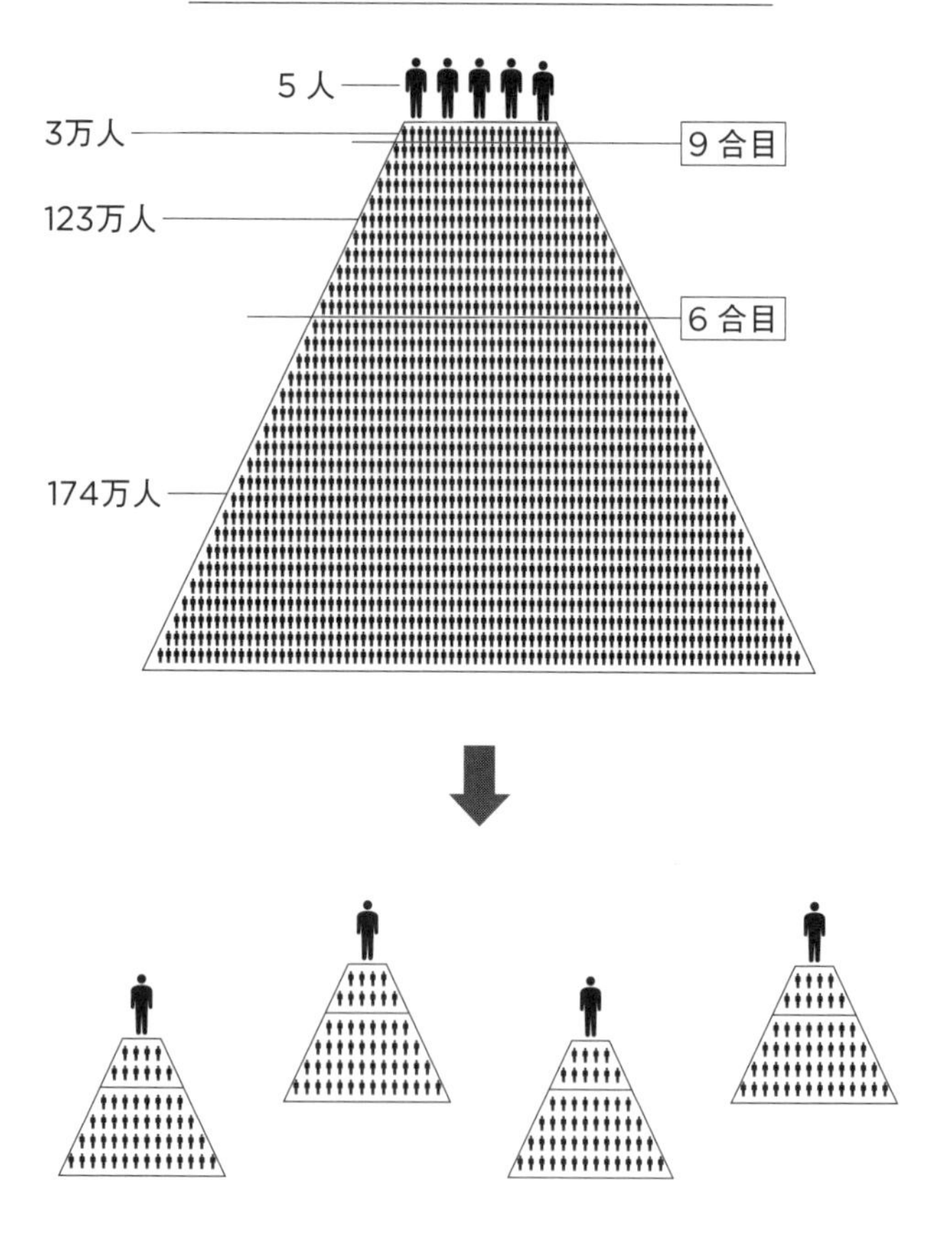
経営の山の頂上を目指すのは困難
5人
3万人
9合目
123万人
6合目
174万人
低い山なら頂上を目指せるかもしれない……

ちなみにその5人は、ファーストリテイリングの柳井正さん、ソフトバンクの孫正義さん、キーエンスの滝崎武光さん、サントリー会長の佐治信忠さん、ディスコの関家一馬さん（とその一族）です（2024年長者番付）。

ここで考えてほしいのは、あなたはこんな山を登りたいかということです。私にはとてもじゃないですが無理です。しかも、私の場合は同じ発想をしていると飽きてしまう自分を知っているだけに、別の山を探します。

もちろん、別の山ですから麓（ふもと）（底辺）から登り始めます。でも、同じ山を登っている人の数が違うので、努力すれば頂上に行ける山かもしれない。

そこで**私が選んだのは、「放送作家＋ビジネス」という山**。その山に今の自分がいます。頂上かどうかは分かりませんが、自分が生きやすい山にいることは確かです。

さて、そんな山ですが、考え方の基本としては、あなたがどんなコミュニティーの中で活躍できるかを思い浮かべてみればいいでしょう。

山には必ず頂上がありますが、それぞれの山には高さ、そして登る人の数が存在します。これは言い換えれば「ヒエラルキー」そのものです。

私の場合はテレビ業界の放送作家というヒエラルキーのなかで、とてつもない巨人が頂上にいて、別の山も探し始めた訳です。

ビジネスパーソンにとって分かりやすいヒエラルキーは、会社における肩書です。例えば、企業に入って係長、課長、部長、役員、社長といった山に登り詰める人もいます。ただ、この山で頂点を極める人は総従業員の中でたった1人です。

しかも、会社が合併されれば山を登る人の人数は増えますし、ましてや会社が倒産という憂き目にあえば、登る山すらなくなってしまいます。

今、会社が安定とは限らない、そんな時代に生きています。だからこそ違う山、自分が生き残るために必要な山を登らなければならないのです。

それは、**人とは違う自分を発揮できる山**です。できれば登る人の少ない山を探すことです。社内には「宴会部長」や「サークル部長」など低い山があると思いますが、それはそれでいいと思います。でも、それが仕事のできる人かどうかや収入に直結するかどうかは別です。

では、あなたにとっての山とは何でしょうか。それを考える時に、今までお話ししてきた「視点を変える」という考え方が活きてきます。

まずは、今いる（あるいは目指そうとしている）山を考えてみてください。そこにはどれくらいの人がいるのか。会社では？　業界全体では？　収入では？

さらにその山は、あなたにとって生きやすいのか？　生き残れるのか？　高いのか低いのか？　頂上にたどり着けるのか？

視点を変えられない人にとって、会社で自分を活かす道、収入を増やす道は「出世レース」で勝つことしか思い浮かばないかもしれません。会社の出世レースという山を登るのであれば、最終的に同期で頂点を極められるのは１人です。いや、１人もいないかもしれません。会社の規模にもよりますが、かなり厳しい山でしょう。

あなたは、それに挑みますか？　出世レースに敗れたらあなたはただの負け犬なのでしょうか？

そこで視点を変えて、出世レース以外のところに目を向けてみれば、肩書にとらわれず自分を活かす道があります。

特定のジャンルのスペシャリストになってもいいですし、営業パーソンであれば「このお得意先は自分でなければ首を縦に振ってくれない」でもいいでしょう。あるいは、可能であれば社内で新規事業に取り組んでもいいでしょう。

例えば、語学が得意な人は**「語学の山」**というのがあります。「英語の山」は人が多いと思いますが、「中国語の山」「韓国語の山」などはそれよりも低い山になるはずです。もちろん学んでいる人の少ない外国語ならさらに低くなります。海外事業を手掛けている会社であれば、こうした山を登ってもいいと思います。

また、他に**「テクニックの山」**というのも考えられます。「パワポの山」「エクセルの山」「アプリの山」など、専門化していけば山が低くなっていきます。

さらに**「本の山」「雑学の山」**といったものもあるでしょう。どんなジャンルの本や雑学に強いのか、あなたに聞けばＯＫという立場になれれば、頂上に登ることも難しくないかもしれません。

そこで、あなたが登りたい山を探すための参考になりそうな山を挙げてみます。

最後に、もしその山を登るのが困難だと感じたらどうすればいいでしょうか。

簡単です。その山からさっさと下りて、違う山を登ればいいのです。そして、どんどん違う山の入り口に向かえばいいだけですから。

・語学の山……英語・中国語・韓国語など（今ならヒンドゥー語やイスラム語などできれば、仕事につながるかもしれません）
・テクノの山……ＰＣネットワーク（チャットワークやｓｌａｃｋなど）、ソフト（パワポ、エクセルなど）、アプリ（ＳＮＳ系、便利なアプリ）
・数字の山……原価計算、商品価格（物の値段）、税金（お得な仕組み）
・雑学の山……トレンド、生活ハックなど役立つ雑学
・政治経済の山……株式、日本・世界経済全般、金融知識
・本の山……小説、ビジネス書（仕事術、自己啓発など）

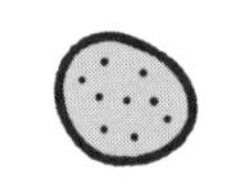

オンリーワンの存在になるために必要な「個性×戦略」

登る山が決まったら、次に**「自分の立ち位置」**を決めます。なぜかというと、その山の人から好かれたほうが、あなた自身が生きやすく、個性（キャラクター）が発揮されるからです。

分かりやすい例でいえば、学校のクラスを思い浮かべてください。

スクールカーストのような1軍、2軍、3軍といったいじめの原因になっている社会問題としてではなく、クラスにいた人たちのそれぞれの個性のようなものです。

例えば、いつも周囲を笑わせるひょうきんなヤツ、普段は物静かなのにイベントには燃えるヤツ、先生に反抗的なヤツ、とにかく真面目なヤツ、いつもバカばかりしているヤツなど、当時は自由に個性を発揮していた面々です。

これは社会に出ると、**大人として立ち位置を考えるあまり、本来の自分を隠して生きている人が多い**と思います。でも、自分はこの山を登ろうと、目的を持って臨むのならば、ここでこそ自分らしい生き方をしたいところです。

私はこうしたキャラクター作りを戦略的に考えました。私が見つけたのは「放送作家としてのノウハウを活かしてビジネスに関わる」という山でしたから、そのなかでどんな立ち位置で登ろうかと考えてみました。

私が思ったのは、**「面白いと言ってもらえる人になる（女性にもモテたい）」「企業の会議に呼ばれ続ける存在になる」**という立ち位置でした。

そこで見つけたのが**「バカ枠」**でした。

「バカ枠!?」と思った人がほとんどだと思いますので説明しましょう。

世の中にバカ枠というものがあると初めて知ったのは、私が大学時代に公開された『就職戦線異状なし』という映画でした。就活生の大原演じる織田裕二さんがエフテレビの就職活動で、面接審査を次々にクリアしていくのですが、それは以前に六本木のクラブで殴ってしまった面接官の陰謀だったというストーリー。

面接官の最終面接で落とすという陰謀むなしく、大原は内定を取るのですが、採用した時の面接官のひと言が「あいつはバカ枠だから」でした。

この時に、おぼろげながら「バカ枠」という言葉を知ったのです。

このバカ枠をより明確化したのが『チャンネルはそのまま！』（佐々木倫子、小学館）という作品。マンガが原作で、北海道テレビ開局50周年ドラマとしても放映されたのですが、新人記者・雪丸花子（ドラマでは芳根京子主演）がドジと失敗を繰り返しながらも、多くの人を巻き込んでローカル局ホシテレビを変えていくというストーリーです。

普通なら花子のような採用されそうにない人材が、なぜ記者に採用されたのか。それはホシテレビには「バカ枠」という採用枠があったからです。局の意向は、優秀な連中だけでは全体が小さくまとまってしまう。そこに異種としてのバカを混入させることで、予測できない化学反応が起きるかもしれないという期待からでしたが、とにかく〝人とは違う〟が、この時点で達成されています。

歌人で東京大学名誉教授の坂井修一さんは、このドラマを観て自分も大学でバカ枠だったと気づいたと日経新聞での連載コラム中に吐露(とろ)されているくらいです。

さらには、バカが世の中を変えていくということで、東京大学システム情報学の生田幸士さんも『世界初は「バカ」がつくる』(さくら舎)という本を上梓しています(もっとバカ枠について知りたい人は、この本を参考にするといいと思います)。

さて、私が見つけた生きる道、**バカ枠でビジネスをやり始めたら、簡単に上のほうに登れるようになりました**。とにかく面白いことを言うヤツということで、大企業の経営者の方々からお呼びが掛かるようになり、「野呂君、面白いよ。俺のコンサルやらない?」なんて、これがお金にまで変わっていったのです。

先日、社長たちと8人でゴルフに誘われました。これもバカ枠採用です。その時に1人の社長が私の隣で電話をしていて、超高級時計のリシャール・ミルの限定品を買っているんです。すると、別の社長が興味を持って手に入れられるかと聞くと、「○○さんに言えば手に入りますよ。電話しましょうか」と言いました。

私はその後の会話に度肝を抜かれました。「いくらですか?」「4000万円です」「ああ、買うので予約してください」……って。この人たちはいったいどんな山を登っているんだと、私の想像をはるかに超えていました。

ただ、そんな**すごい人たちのなかに私が呼ばれるのも、人とは違ったバカ枠のおかげ**です。ある社長がゴルフ前の自己紹介で、「私はゴルフが下手でスコアは煩悩(ぼんのう)の数ですよ」なんて言えば、私は「野呂と申します。○○社長は煩悩の数なんて言いますが、私は警察や消防みたいな数を打ちますんで、よろしくお願いいたします」と言って笑いを取ります。

ゴルフ中も、社長たちが別荘の話をしていると、そこはすかさず「私は、別居はできても別荘は無理です」と話をかぶせていきます(別に「別」が同じだけですが)。

とにかく、1人違った人種がいるということが重要です。そういった人はいろいろな人から声を掛けられるようになります。だからこそ、人と違う自分になりたいのなら、まずは**「自分の枠」を見つける**ことが必要なのです。

では、どうやったら自分の枠を見つけることができるのか。そこは自分がどんな人生を歩みたいのか、自分のゴール（頂上）は何なのかを明確にして、そこで生きる自分の枠を探すことです。

「あなたの枠」を決める際に一番いいのは、自分は周囲からどんな人だと思われたいか、言い換えれば、どのように好かれたいかを明確にすることです。とはいえ、そうそう個性を変えることは難しいでしょう。

ならば考え方を変えて、新しく登る山では、その山の人たちに合う「架空のキャラクター」を作ってしまえばいいのです（ダメなら下山すればいいだけですから）。

例えば、Aという山では「野呂エイシロウA」、Bという山では「野呂エイシロウB」といった感じです。

これって、言ってみれば俳優のようなものです。魅力的な俳優に堺雅人さんがいます。彼の『半沢直樹』に魅力を感じる人がいれば、『リーガル・ハイ』の古美門研介に魅力を感じる人もいます。でも、どちらも堺雅人さんです。

せっかく新しい山に登るのなら、まったく違った脚本に沿ってキャラクターを演じれば、あなたの立ち位置が決まり、周囲からも「人とは違う」と思われます。

これまでの〝枠〟を超えた「自分の枠」を見つけてみてください。

・バカ枠
・おっちょこちょい枠
・気遣い枠
・面白枠
・相談枠（面倒枠）
・行動枠
・分析枠
・穏やか枠
・仲間枠
・感動枠（泣き枠）

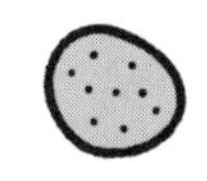

「とりあえずやってみる」「ダメならすぐ止める」が最善の選択

違う山に登ろうとする時に、とても気楽な方法が1つあります。

それは**「常に自分はビリである」**という意識を持って登り始めることです。その山では一番下から登り始めるのですから、ビリは当然です。自分の枠を決め、その山に登るという考え方に至ったのであれば、ビリから始めたほうが自然体で臨めるのです。

人と違う自分を見せようとするあまり、多くの人は自分を守ろうとしてしまいます。例えば、上司に怒られないようにしよう、クライアントに嫌われないようにしようと身構えてしまうものです。だから、意見を求められても失敗しちゃいけない、何とかこの場を乗り切ろうとしてしまいます。

でも、自分の枠を決めてしまえば、人とは違う自分という自然体でいられますし、守りに入らなくても済みます。

そうしたスタンスで、とりあえず山に登ってみることです。

どうせ麓からビリで登っていくのですから気楽なものです。**明確な山が見つからないのであれば、知らない山だけど登ってみる。**何かの誘いに、断らずに自分の枠のまま登ってみることです。


10年くらい前の話になりますが、佐渡で行われたイベントの手伝いをしたことがあります。尾畑酒造という廃校を蔵にした「学校蔵プロジェクト」という酒造りをしている有名な会社だったのですが、いつものようにバカな話をしてイベントは大盛り上がりでした。

その時に、取材に来ていたメディアの方もいて、イベント後に打ち上げをして、これまた大盛り上がり。その後も仲良くさせていただきました。

やがて、この時のメディアの方々がだんだん出世して上のポジションにつくようになります。私は彼らの役に立とうと、つき合いのあるクライアントさんを紹介したりすると、その方から「紹介してくれたんだってね。うちの営業から連絡があったぞ」と電話がかかってきます。それをきっかけに、また飲みに連れて行ってもらうと、今度はその方が大企業の社長さんを紹介してくれるのです。わらしべ長者みたいな話です。

　この発端は、とりあえず佐渡に行ったということです。つまり、そこにはどんな山があるのか分からない、分からないからこそ登ってみたのです。

　別にその山を前に身構える必要はありません。**「あっ、この山は何か違うな」と思ったら、10分で下山すればいい**だけのことです。

　山はいくらでもあります。「これなら、頂上を目指せるかも」といった山を探すこと。そして、とりあえず登ってみること。そこであなたの真価を発揮できれば、人とは違う自分が見つかるはずです。

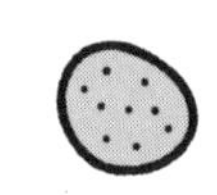

５８０円を１０００万円に変える情報収集術

視点を変えて、自分の人生の方向性が定まると、普段何げなく行っていることにも違った意味が生まれてきます。第3章で「ｄマガジン」のお話をしましたが、普通は購読していてもせいぜい5～10冊くらい、自分の好きなジャンルを読むのが普通です。でも、私はそれこそ１００冊近く目を通します。

理由は、企業ＰＲの役に立つからですが、ただそれだけだと１００冊近く読むのは苦痛になり、だんだんと読まなくなってしまいます。

私は「ｄマガジン」を単なる「情報収集ツール」と思っていません。月々５８０円なのですが**「この５８０円を１０００万円に変えよう」**と思って読んでいるのです。普通の人と視点を変えて、「『dマガジン』を毎日読めば1000万円が手に入る」と思って読めば、誰でも真剣にインプットしようと思いますよね。

私は、ギャンブルはしないのですが、少し前に初めて競馬場に行くことになりました。その時も競馬雑誌の情報をインプットしていますから「この馬は○○ですよね」なんて話ができます。一緒に行った競馬通の方が驚かれます。

その時は「競馬の雑誌、毎号読んでいます」と言いましたが、なんで読んでいるのか不思議がられました。

そもそも、こうした情報が1000万、1億になるかもと思って読んでいますから、読まないなんて、とにかくもったいない。10冊読むよりも100冊読んだほうが、情報代は1冊5円程度ですから。**どこに何が転がっているか分からない。だからこそ、インプットは増えれば増えるだけいいのです。**

ただ、「dマガジン」を読んだほうがいいと言っているのではないですよ。要は、自分には興味のないようなことでもインプットしていくことで、知らない世界を知るのに役立てているだけです。

私は、この**「自分が知らない世界」を知るということが本当のインプット**だと思っています。それが仕事に役に立つかどうかではなく、自分が面白いと思うかどうかで判断したほうが人とは違う自分になれるからです。

だから、お金になるかならないかという判断でインプットするのではなく、インプットを増やすことに焦点を合わせていくことです。それが結果的にお金につながりますから。

そのつもりで、私は新聞も隅々まで読みます（これも前に述べました）。そこにチャンスがあるかもしれないからです。ただし、常に予定は入っていて忙しいですから、1回しか読みませんし、かなり真剣度は高いと思います。

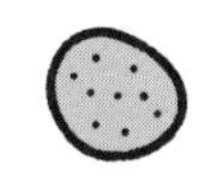

上司やクライアントには「仕える」気持ちで真剣に向き合う

第3章で、仕事をする時の視点の変え方で、クライアントには「仕える」というお話をしました。そうすることで、つらい仕事も乗り切れるという趣旨でしたが、そのことについてもう少し詳しくお話ししましょう。

あなたが新しい山を自分の枠というキャラクターで登る時、**必ず頂上に引き上げてくれる人**がいます。

それは会社の上司かもしれません。または、新しい山で出会う人かもしれません。**その時に相手に信頼されるかどうかで、あなたの進むべき道が決まる**と言っても過言ではないのです。

だから私は、相手の心をつかむために「その人に仕える」くらいの気持ちでいます。

かの豊臣秀吉の数あるエピソードの中で大好きな話があります。

織田信長がもっとも寵愛（ちょうあい）した側室に生駒吉乃（いこまきつの）という女性がいました。正室に子宝が恵まれなかった信長は、吉乃が産んだ信忠を嫡男（ちゃくなん）として正式に側室として城内に迎え入れるのですが、病床に伏していたことを信長に隠していた吉乃はすぐに亡くなってしまいます。

吉乃の死に対し、信長は3日3晩泣き通したくらい悲しみに暮れていました。そんな時、秀吉は城下町まで続くほどの大行列で吉乃のために着物や調度品の数々をお歳暮として運び込んだのです。

信長は「サル、これは何だ？」と秀吉に問います。

「吉乃様へのお歳暮です」

「吉乃は死んだぞ」

「いえ、死んでおりません。吉乃様はお館様の心の中で生きていらっしゃいます。喜んでくださいませ。吉乃様もきっとあの世で喜んでくれるはずです」

このやり取りに、息子の信忠は「お前はバカなのか」と言うのですが、信長はそれを百も承知で、「こいつはそれでも分かっていて、わしらを励ましたいがために、こんなバカなことをやっているんだ」と言ったのです。

私は**秀吉をバカ枠の大師匠として考えていて、相手を喜ばせようという姿勢を見習っています**。

以前、大企業の社長と六本木にあるグランドハイアット東京で、ランチをしながら打ち合わせをしていた時、社長が「朝、急に思いついて花見をやることにしたんだよ。芝公園で90人参加するから、今若手社員5人でビニールシートを敷いて、そこで仕事をさせているんだ」という話をしました。

そこで私は、**急いでワインを10本ほど買って「90人には足りないですけれど、はいっ」と言って社長に渡しました**。ワインは1本5000円くらいで5万円くらい掛かりました。

手渡しの方が印象に残る

これも相手を考えたうえでの喜ばせ方です。

人と違うことをやろうと思えば、花見の席にサプライズでビール100本差し入れるということも考えられます。

でも、相手は経営者。経営者はせっかちな方が多いので、1秒でも早く結論に向かったほうがいい。考える前にポンといけばいいと判断したのです。その場でワイン10本渡したところで、運転手さんに持って行かせるだけだし、花見の席で「これ、野呂君にもらったワインでね」と思い出してもらえます。

つまり、**社長に一番喜んでもらえる方法を選んだ**ということです。

また、私にとっては会議に呼ばれ続ける存在になることが目的ですから、当然そこに呼んでくれる人に仕える気持ちで行動します。

ある時、どうしても参列しなければならない葬儀があって会議を欠席したことがありました。その次の会議で「とらや」の羊羹や和菓子を、大量に持っていく訳です。すると、プロデューサーに「いや、野呂君。不幸があったんだから仕方ないよ。逆に申し訳ないね」なんて言われます。

でも考えてみれば、私が１回会議を休んでもフィーが発生する訳で、それに比べたら手土産なんてたかが知れています。それよりも、先週会議を休んだのに挨拶もないと思われると、相手は不機嫌になるかもしれない。

私はフリーランスなので、いつクビを切られるかも分からない。だからこそ相手のことをどれだけ想像できるか、その人に仕える気持ちでいるわけです。

多くのサラリーマンは「気配りができる」かどうかで判断しますが、気配りをテクニック的なものと捉えがちです。実は逆で、**相手のことをどれだけ真剣に考えられるか**ということが先で、考え方として腑(ふ)に落ちたうえで次にテクニック的なことを考えるほうが、自分らしさを出すことができるのです。

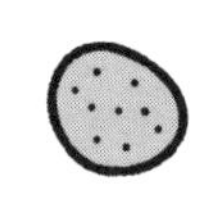

会議は「デートと同じ」だと思えば楽しくなる

ビジネスの現場では、人間はみな対等ではありません。たしかに、理想を言えば対等である社会が望ましいのですが、現実には上下関係がはっきりしたヒエラルキーがあります。だから、他人の目を気にしてしまうし、周囲の人から認められたいという想いもあるでしょう。

私はそれでいいと思っています。ただ、自分のことだけ考えていては、なかなか上手くいかないのが世の常です。その時に大事なのが**「相手をいかに喜ばせるか」**という考え方です。それさえあれば、周りの人とより良い関係のまま自分というものを出すことができます。

人間関係において、相手を変えることはできません。だからこそ多くの人は自分を変えたいと願っています。「自分が変われば相手が変わる」と多くの自己啓発書には書かれていますが、これは相手が変わるというよりは、自分の相手に対する見方が変わったと言ったほうがいいのかもしれません。

自分が「人とはちょっと違う人間」に思われたいというのは、自然な感情ですし、始めはそれでいいと思います。そこからどうやったら相手に喜んでもらえるだろうか、と考え始めますから。

その積み重ねがあなたの〝武器〟になっていきます。

私は会議に出ることが好きですが、いつもどうやって人を喜ばせるかを考えてネタを仕込んでいます。本音は周りの人たちからモテたいからです。異性にモテたいだけではなく、人間にモテたいんです。

だから、私にとって会議はデートと同じ。どうやって相手の気を惹く（ひ）か真剣な訳です。誰だってデートの時は、どんな話をしようかと前日の夜は眠れないじゃないですか。

デートは楽しい、けど上手くいくかどうか心配でたまらないという側面もあります。

だからこそ真剣に準備をしますし、店探しも本気でやります。会議も同じで、喜んでもらおうと真剣になり、実際に喜んでもらえたら楽しいものですよ。

これをスポーツに例えるなら、会議の場はフィールドです。1回1回の会議がサッカーの試合だと思えば、真剣さも変わるんじゃないでしょうか。

そこで夢想します。あなたはフィールドのスタープレーヤーです。何万の観衆が、あなたの蹴る玉の方向を見て一喜一憂しています。プレッシャーだと思うかもしれませんが、スターだから味わえる快感でもあります。

会議の場で、視点を変えた意見を言う時も、相手を欺(あざむ)くスルーパスか、ゴール前に大きく蹴り出すキックか、あるいはあなた自身がゴールを決めてもいいでしょう。

大変さもありますが、シュートを決めた時の爽快感は何事にも代えがたいはずです。

今までご説明した考え方とテクニックを使って、あなたにしかできないシュートを放って、ぜひゴールを決めてほしいものです。

おわりに

最後まで、お読みいただきありがとうございます。

本書を通じて、視点をずらしたり変えたりするための考え方やテクニックをお話ししてきましたが、私が本当に一番大事だと思うのは「人に喜んでほしい」という想い、そのために「本気になる」ということです。

本書でお伝えした考え方やテクニックは、誰でも身につけることができます。ただし、1回読んだだけでは無理です。

1回読んで「へえー、そうなんだ」と思って本を閉じてしまえば、あなたの人生が変わることはないでしょう。できるかぎり、身につけやすいように工夫してお伝えしたので、ぜひ、この瞬間から本気になって本書の内容を繰り返し実践してください。

これまでお伝えしたことも、本気にならなければ身につきません。真剣だからこそ、私は雑誌を100冊読みますし、新聞も隅々まで読みます。そして会議はデートだと思い、いつでも勝負だと思っています。だから、人と違う意見も言えますし、企画も通ります。

だからといって、私とまったく同じことをしろとは言いませんし、あなたなりのやり方でいいのです。

少しずつでいいので、本気で自分を変えようと行動していれば、誰かがあなたに目をつけて、引き上げてくれるものです。

「めんどくさい」と思うかもしれませんが、苦しいことばかりではありません。

だってデートは楽しいでしょう。準備はしんどいかもしれませんが、相手の笑顔が見られると天にも昇る気持ちになれます。デートも仕事も、やはり楽しんでなんぼだと思います。

私は、50を過ぎていますが、今でもテレビ番組の会議に出たら「UFOがいるかも」「ネッシーがいるかも」なんて話をしています。仲間内で「俺たち幸せ者だよな」と話します。こうした「楽しむ」精神は放送作家という職業が培ってくれました。

「あなたはそうかもしれないけど、私の職場ではＵＦＯの話なんかしないよ」とおっしゃるかもしれません。

けど、私は「楽しむ」精神をＰＲコンサルタントの仕事にも持ち込んでいます。「つなガレー」なんてダジャレで大金を稼ぐのもそうです。真剣に、そして楽しく仕事をしていたら必ず道は開けます。この本の最後に、そのことをあなたにお伝えしたいと思います。

野呂エイシロウ

何卒

主要参考文献（順不同）

ウェブサイト

・「Real Sound」（アルバム『BOOTLEG』インタビュー＝2017年10月）
・「ダイヤモンド・オンライン」（職場にいる「日経新聞を読まない人」は出世しない。その当然すぎる理由＝2024年10月）
・「ダイヤモンド・オンライン」（「お笑い養成所」に通う経営者やエリートが急増している理由とは？＝2023年1月）
・「面白法人カヤック」（ブレストに始まりブレストに終わる）
・「ダイヤモンド・オンライン」（「私はお金が欲しい。なぜなら…」。稲盛和夫が本田宗一郎から学んだこと＝1990年2月）

書籍

・『水平思考の世界』（エドワード・デノボ、きこ書房＝2015年10月）
・『どんな仕事でも必ず成果が出せる　トヨタの自分で考える力』（原マサヒコ、ダイヤモンド社＝2015年7月）

・『心をつかむ話し方 無敵の法則』（野呂エイシロウ、アスコム＝２０２１年３月）
・『１００案思考』（橋口幸生、マガジンハウス＝２０２１年４月）
・『仕事ができる人のパワポはなぜ２色なのか？』（越川慎司、アスコム＝２０２２年11月）
・『アイデアのつくり方』（ジェームス・Ｗ・ヤング、ＣＣＣメディアハウス＝１９８８年４月）
・『１％の努力』（ひろゆき、ダイヤモンド社＝２０２０年３月）
・『東大教養学部が教える考える力の鍛え方』（宮澤正憲、ＳＢクリエイティブ＝２０２４年６月）
・『本音で生きる』（堀江貴文、ＳＢクリエイティブ＝２０１５年12月）
・『雑用は上司の隣でやりなさい あなたの評価を最大限に高める「コスパ最強」仕事術』（たこす、ダイヤモンド社＝２０２４年８月）
・『自己プロデュース力』（島田紳助、ワニブックス＝２００９年９月）
・『パン屋ではおにぎりを売れ 想像以上の答えが見つかる思考法』（柿内尚文、かんき出版＝２０２０年６月）
・『おざわせんせい』（博報堂「おざわせんせい」編集委員会、集英社インターナショナル＝２０１４年４月）
・『物を売るバカ』（川上徹也、ＫＡＤＯＫＡＷＡ＝２０１４年５月）
・『世界初は「バカ」がつくる』（生田幸士、さくら舎＝２０１９年４月）

野呂エイシロウ（のろ・えいしろう）

1967年愛知県生まれ。愛知工業大学卒。放送作家・戦略的PRコンサルタント。

『天才・たけしの元気が出るテレビ！！』で放送作家デビュー。『ザ！鉄腕！DASH！！』『奇跡体験！アンビリバボー』『ズームイン！！SUPER』などにたずさわる。常に「面白い企画」を求められる状況に身を置いた経験から、独自の「視点を変える」思考法を編み出す。放送作家と並行して“戦略的PRコンサルタント"として活動中。一部上場企業をはじめ、数多くのクライアントの課題解決をサポートしている。

道ばたの石ころ どうやって売るか？
頭のいい人がやっている「視点を変える」思考法

発行日　2025年 5月 6日　第1刷
発行日　2025年 7月15日　第4刷

著者　野呂エイシロウ

本書プロジェクトチーム
編集統括　柿内尚文
編集担当　池田剛
編集協力　稲川智士
デザイン　阿部早紀子
イラスト　髙柳浩太郎、PIXTA（P4、43）
DTP　野中賢・安田浩也（システムタンク）
校正　永田和恵（剣筆舎）、西﨑士郎

営業統括　丸山敏生
営業推進　増尾友裕、綱脇愛、桐山敦子、寺内未来子
販売促進　池田孝一郎、石井耕平、熊切絵理、菊山清佳、山口瑞穂、相澤いづみ、吉村寿美子、矢橋寛子、遠藤真知子、森田真紀、氏家和佳子
プロモーション　山田美恵、川上留依、鈴木あい

編集　小林英史、栗田亘、村上芳子、大住兼正、菊地貴広、福田麻衣、小澤由利子、宮崎由唯
メディア開発　中山景、中村悟志、長野太介、入江翔子、志摩晃司
管理部　早坂裕子、生越こずえ、本間美咲
発行人　坂下毅

発行所　株式会社アスコム

〒105-0003
東京都港区西新橋2-23-1　3東洋海事ビル
TEL：03-5425-6625

印刷・製本　日経印刷株式会社

Printed in Japan ISBN 978-4-7762-1367-3

この本の感想をお待ちしています!

感想はこちらからお願いします

https://www.ascom-inc.jp/kanso.html

この本を読んだ感想をぜひお寄せください!
本書へのご意見・ご感想および
その要旨に関しては、本書の広告などに
文面を掲載させていただく場合がございます。

新しい発見と活動のキッカケになる

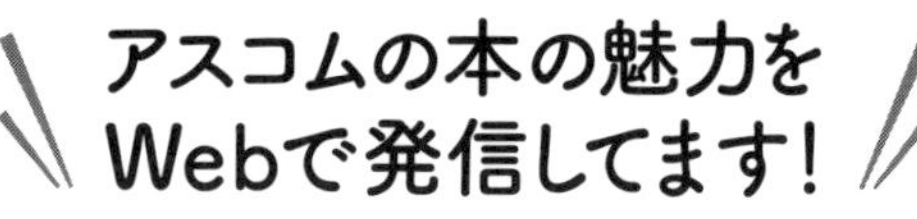

https://www.youtube.com/c/AscomChannel

動画を見るだけで新たな発見!
文字だけでは伝えきれない専門家からの
メッセージやアスコムの魅力を発信!

https://x.com/AscomBooks

著者の最新情報やアスコムのお得な
キャンペーン情報をつぶやいています!